Willi Hoffsümmer

40 Festgottesdienste mit Symbolen

zu

Firmung

und

Konfirmation

Bergmoser + Höller
Verlag GmbH

1. Auflage 2000

ISBN 3-88997-121-0
Umschlaggestaltung, Layout und Grafik:
graphodata.com GmbH, Aachen
Satz: graphodata.com GmbH, Aachen
Titelbild: P. Slawek Soczynski SDS, München
Grafiken: Martina Skwara
Druck und Bindung: Koninklijke Wöhrmann B.V., Niederlande

Inhaltsverzeichnis

Vorwort

Zunächst herzlichen Dank an Sie als Katechetin oder Katechet, weil Sie sich an das Schwierigste heranwagen, was „Kirche“ heute zu bieten hat. Schon Jugendarbeit allgemein ist wie ein Schöpfen in ein Fass ohne Boden geworden, aber Jugendliche sind Garant für die Zukunft der Kirche, auch wenn die Firmung oder Konfirmation zu einer „Verabschiedungsfeier junger Christen bis zur kirchlichen Trauung“ werden kann. Darum kommt es in der Vorbereitungszeit auch mehr auf eine gute Atmosphäre in der Gruppe an als auf ein Programm mit abfragbarem Wissen – was nicht heißen muss, dass wir Jugendliche religiös und christlich „dumm“ sterben lassen dürfen. Sollten in Ihrer Gruppe Jugendliche nur unmotiviert herumsitzen, dann bedenken Sie: So haben Sie immer noch mehr Chancen, aus dieser Situation etwas zu machen, als wenn die Jugendlichen sich gar nicht mehr anmelden – wie es ja der größte Teil bereits macht.

Nach der Firmung oder Konfirmation besuchen Jugendliche in der Regel nicht häufiger den Sonntagsgottesdienst als vorher. Das ist schon frustrierend. Aber in erster Linie dient die Vorbereitungszeit nicht der Erhöhung der Kirchenbesucherzahlen, sondern sie kann den Heranwachsenden die Tür zur Gemeinde und zur Kirche wieder etwas mehr aufstoßen.

Wenn Sie spüren, dass überhaupt keine Voraussetzungen mehr da sind, sollten Sie sehr vorsichtig mit der Wertevermittlung sein und sich darauf beschränken, Interesse zu wecken. Bieten Sie vielleicht zuerst eine Kirchenführung an, wobei Sie anhand etwa vorhandener Kunstschätze klarmachen, was das Anliegen der Künstler war, nämlich: etwas Schönes zur Ehre Gottes herzustellen. An die Führung kann sich die Frage anschließen: Was haben die Leute sich dabei gedacht, so eine Kirche hinzustellen (und zu unterhalten)? Dann kann mit Seilen ein Lebensweg gelegt werden, auf dem anhand einer Lebenslinie wichtige Ereignisse des bisherigen Lebens dokumentiert werden. Dabei formulieren die Jugendlichen auch ihre Zukunftswünsche: Kann eine Zukunft gelingen ohne Verantwortung für den Mitmenschen, ohne Gemeinschaft, ohne Freundschaft, Treue, Menschenwürde? Hier nähern Sie sich schon christlichen Werten ... Aber dieses Buch trägt einen anderen Titel. Darum komme ich zu dem zurück, das ich mir hier vorgenommen habe.

Sie finden auf den folgenden Seiten meist nur „Bausteine“ zu den einzelnen Gottesdiensten, das hat praktische Gründe:

1. Nicht alle Geistlichen und Bischöfe sind kooperativ und gehen auf die Vorstellungen der Firmlinge/Konfirmanden ein. Erkundigen Sie sich also rechtzeitig, wie weit Ihr Pfarrer, Ihre Pfarrerin oder Ihr Bischof sich auf Gestaltungsvorschläge einlässt. Vielleicht sollten wir das Argument der „Gegenseite“ beherzigen – wie mir einmal ein Bischof schrieb: „Ich möchte als firmender Bischof auch eine eigene Idee haben und nicht nur predigen dürfen, was mit den Firmlingen schon vorher überlegt wurde. Die Verkündigung scheint mir sonst ihre Unmittelbarkeit zu verlieren.“

2. Wenn ich mich in einem Buch an evangelische **und** katholische Christen wende, ermutigt mich zunächst das gemeinsame Wort „firm“ in Konfirmanden und Firmlingen. Die Jugendlichen werden also in beiden Kirchen für firm, das heißt eigenständig genug gehalten, jetzt aus eigenem Entschluss ihr Leben an Jesus festzumachen oder an ihm auszurichten. Bei der Taufe konnten sie ja nicht gefragt werden, jetzt können sie ihr Ja – oder auch Nein! – dazu sagen. Darum können sich bei uns die Jugendlichen nach der Firmung in einem eigenen Buch mit dem Titel „Ich sage JA zu meiner Taufe“ eintragen. Natürlich ist das eine relative Freiheit: Wer kann schon im Alter von zwölf oder siebzehn Jahren die Bedeutung einer solchen Entscheidung ermessen? Aber wann kommt die Reife für eine Entscheidung?

Natürlich weiß ich, dass die evangelische Kirche bei der Konfirmation mehr die Tischgemeinschaft mit Jesus betont: das Abendmahl, in dem ich mich mit Jesu Wort und Brot stärken kann – gemeinsam mit anderen. Die katholische Kirche betont bei der Firmung die bewusste Öffnung für den Geist Gottes, damit der junge Mensch be-geist-erter Jesus nachfolgt. Eigentlich kommt es auf beides an: Wenn ich mich nicht für den Geist, das Wirken Gottes, öffne, kann ich noch so oft das Wort Gottes hören und am Mahl teilnehmen, es ändert sich nichts in meinem Leben. Umgekehrt ist es genauso: Von bloßer Begeisterung alleine kann ich nicht lange zehren. Ich brauche das Wort Gottes ständig neu, um zu hören, in welche Richtung ich mich bei der Suche nach dem Sinn des Lebens auf den Weg machen soll. Und ich brauche Nahrung für Leib und Seele wie auch das Erlebnis der Gemeinschaft, um auf Dauer Jesus folgen zu können.

Nun kann ich nicht leugnen, aus katholischem Hause zu kommen. Darum sind die Vorschläge „geist-lastig“. Ich darf also alle evangelischen Christen bitten, die mit diesem Buch arbeiten, festgestellte Defizite zu „evangelisieren“. Die Aussagekraft der Symbole, Spiele, Bilder und Texte bleibt aber bestehen.

3. Die Bausteine sollten sich die Vortragenden oder Ausführenden immer zu eigen machen, weil es „ihr“ Gottesdienst wird, das heißt nie etwas lesen lassen, was der Betreffende (noch) nicht nachvollziehen kann. Am besten werden immer die Entwürfe, durch die – von diesen Bausteinen angeregt – etwas ganz Neues auf die Beine gestellt wird. Bei uns sind die Jugendlichen übrigens siebzehn Jahre, wenn sie gefirmt werden. Also ungefähr die Mitte zwischen Erstkommunion und kirchlicher Hochzeit. Dabei sind unsere Erfahrungen sehr unterschiedlich. Das „ideale“ Alter gibt es wohl nicht.

Ihren Bemühungen wünsche ich viel Heiligen Geist!

Willi Hoffsümmer

Abkürzungen und Hinweise

Gl.	=	Gottesdienstleiter oder -leiterin, ob nun Bischof, Superintendent oder Geistliche/r.
„Troubadour“	=	Liederbuch „Troubadour für Gott“, Hg. Kolping-Bildungswerk, Diözesanverband Würzburg e.V., Sedanstr. 25, 97082 Würzburg;
„neu“	=	Es folgt die Liednummer der erweiterten 6. Auflage 1999.

Bücher des Autors, die in diesem Buch unter folgenden Kurztiteln zitiert werden:

„Kurzg. 1“	=	Kurzgeschichten 1: 255 Kurzgeschichten für Gottesdienst, Schule und Gruppe;
„Kurzg. 2“	=	Kurzgeschichten 2: 222 Kurzgeschichten für Gottesdienst ...
„Kurzg. 3“	=	Kurzgeschichten 3: 244 Kurzgeschichten für Gottesdienst ...
„Kurzg. 4“	=	Kurzgeschichten 4: 233 Kurzgeschichten für Gottesdienst ...
„Kurzg. 5“	=	Kurzgeschichten 5: 211 Kurzgeschichten für Gottesdienst ...

Diese Bücher erschienen im Matthias Grünewald-Verlag, Mainz.

Brennende Herzen gesucht

Entwürfe für ca. 10- bis 15-jährige Jugendliche

1. Geheimzeichen Fisch

Symbol Fisch (skizziert)

Vorbereitungen

1. Jeder Firmling/Konfirmand töpfert einen Fisch aus rotem Ton, der an der Luft trocknet. Der Fisch kann ruhig ca. 30 cm groß werden, wenn der Kirchenraum groß und die Anzahl der Firmlinge/Konfirmanden eher klein ist. Im Fisch wird eine Vertiefung für ein Teelicht angebracht. Die Wachsfarben können rot (= Liebe), grün (= Hoffnung) oder blau (= Glaube/Vertrauen) sein.

2. Es werden benötigt: Eine schiefe, große Ebene, auf der die vielen Fische zu einem großen Fisch zusammengestellt werden und eine rote Kugelkerze, in der ein Teelicht brennt als „Auge" des späteren großen Fisches (auf dem JESUS oder Ichthys stehen kann: I = Jesus, CH = Christus, TH = Gottes, Y = Sohn, S = Erlöser). Wenn die Fische auf der schiefen Ebene liegen, wird mit weichem roten Ton die Teelicht-Vertiefung so ausgeglichen, dass das Teelicht waagerecht steht und somit normal abbrennen kann; ebenso das Teelicht in der Kugelkerze.

3. Es können auch Fische als Autoaufkleber etc. angeboten oder verteilt werden (im Durchschnitt für ca. 2,– DM zu erhalten). Ein breites Angebot bietet die Firma Uljö, Christliche Geschenke, Ziegeleiweg 12, 57627 Hachenburg, Tel. 0 26 62/95 46-0, Fax 0 26 62/95 46-20. Ursprünglich für evangelische Gemeinden gedacht, hat sich ihr Angebot ökumenisch ausgeweitet. Die Fische werden links an der Heckscheibe befestigt, mit dem „Gesicht" zur Fahrbahnmitte. Fordern Sie einen Prospekt an!

Gedanklicher Bogen des Gottesdienstes

Der Fisch war das Geheim- und Erkennungszeichen der ersten Christen. Der aufgemalte Kopf des Fisches galt als Wegweiserpfeil, der die Richtung zu der unterirdischen Katakombe (= Grabstätte) zeigte, in denen sie sich heimlich trafen. Oder malte einer den Kopf und ein anderer ergänzte ihn bis zur Schwanzflosse, dann wussten beide ohne Gefahr bringende Worte: Wir sind Christen. –

Fisch und Brot sind bis heute Symbol für das gemeinschaftliche eucharistische Mahl, das die Christen zusammenhielt und das wir seither jeden Sonntag in Erinnerung an Jesu Auferstehung feiern.

Das Zusammentragen der Fische zu einem großen Fisch (hierbei kann sich jeder Firmling/Konfirmand vorstellen und von seiner Bereitschaft sprechen, für

Christus Zeugnis abzulegen), dessen Auge Jesus selbst darstellt, erinnert an die Swimmy-Geschichte, die sagen will: Gemeinsam sind wir stark. Gemeinsam fällt es leichter, für Christus Zeugnis abzulegen. Auch heute herrscht in mancher Schulklasse und an manchem Arbeitsplatz Christenverfolgung: Wer sich als Christ zu erkennen gibt, muss mit Häme und überlegenem Lächeln rechnen, oft schlimmer als Steine und Folter. Es gibt also nicht nur Christenverfolgung in den von islamischen Fundamentalisten beherrschten Staaten wie Pakistan, Indonesien, Sudan ..., oder auch in den kommunistischen Staaten wie China, in denen die Christen nicht viel zu lachen hatten und haben.

Ablauf

Bußakt

Gl.: Wir rufen das Erbarmen Gottes an:

Jugendl.: Nur tote Fische schwimmen mit dem Strom. Zu viele beugen sich dem Diktat der Masse. Darum: Herr, erbarme dich.

Alle: Herr, erbarme dich.

Jugendl.: Im Urchristentum war der Fisch das Geheimzeichen der Christen. Sie lebten im Untergrund und trugen die Botschaft vom „großen Fisch" Jesus Christus weiter. Heute müssen viele für seine Botschaft erst wieder begeistert werden. – Christus, erbarme dich.

Alle: Christus, erbarme dich.

Jugendl.: Die Swimmy-Geschichte will sagen: Gemeinsam sind wir stark. Gemeinsam fällt es uns leichter, zu Christus und seiner Kirche zu stehen. – Herr, erbarme dich.

Alle: Herr, erbarme dich.

Gl.: *Lossprechungsbitte.*

Lesung: Eph 4,1 - 6: Alle bringen ihre Besonderheiten ein, um durch die Einheit mit Christus die Gemeinschaft stark zu machen.

Nach dem **Evangelium** (Lk 12,49-53: Ich bin gekommen, Feuer auf die Erde zu werfen [= die Entscheidung, sich deutlich für Christus und seine Sache einzusetzen]), werden mit einem Docht von der Osterkerze her die Teelichter in den Fischen entzündet. (Dabei Meditationsmusik; eventuell die Kirche abdunkeln; das Jesus-Auge, die rote Kugelkerze, brennt von Beginn an.)

Die **Predigt** orientiert sich an dem Symbol des großen „leuchtenden" Fisches:

1. Alle können sich mit ihren Besonderheiten und Begabungen in eine Gemeinschaft einbringen, die auf Jesus ausgerichtet ist (vgl. Lesung).

2. Ein Fisch kann nur im Wasser leben und glücklich sein. Die Verbindung mit Jesus im Gebet und im Gottesdienst ist wie ein Eintauchen ins Wasser. Wer sich nicht mehr auf Kirche und ihre Gemeinschaft einlässt, kann sehr schnell erfahren, wie der christliche „Grundwasserspiegel" absinkt – allerdings können wir Christen uns von der Mitmenschlichkeit *solcher* Menschen des Öfteren eine Scheibe abschneiden; aber für das Miteinander in einer Kirchengemeinde kann man sie leider immer weniger begeistern.

3. Ein Fisch schwimmt normalerweise gegen den Strom. Ein echter Jünger Jesu muss sich in der Regel gegen eine Masse entscheiden. Nicht, was „man" tut, ist angesagt.

4. Zuweilen schwimmt ein Fisch auch mit dem Strom; dann aber schneller als das Wasser fließt: Wenn er zum Beispiel nach dem Laichzug wieder das Meer sucht oder auf Beutejagd ist. Auch wir als die Jünger Jesu können uns, begeistert von ihm, auf Außergewöhnliches einlassen. So bewegen sich Ehrenamtliche oft eingespannt und engagiert in der Jugend- oder Ministrantenarbeit, in einer Band oder Gesangsgruppe, in der Caritas oder Frauengemeinschaft, im Pfarrgemeinderat, Kirchenvorstand/Presbyterium und nicht zuletzt in der Mitarbeit der Gemeinde als Katechetin oder Katechet. Dafür denen herzlichen Dank, die euch jetzt „vorausgeschwommen" sind.

(Gekürzt nach Abt Dr. Placidus Mittler OSB, Abtei Michaelsberg, 53781 Siegburg).

Hinweis: *In diese Gedanken können auch Beispiele aus heutiger Zeit eingeflochten werden, zum Beispiel das Schulmassaker bei Denver/USA im Frühjahr 99: Sie hieß Cassie, 17 Jahre war sie alt. Sie hatte sich vor den jugendlichen Killern in die Bibliothek geflüchtet. Als ihr Mörder diesen Raum betrat, rief er laut: „Ist hier jemand, der an Gott glaubt?" Da stand Cassie auf und sagte: „Ja, ich!" Und als der Mörder näher kam: „Du kannst mich töten, aber nicht meinen Gott!" – „Es gibt keinen Gott", schrie dieser und erschoss sie durch die Schläfe. – In den Wochen danach ließen viele Amerikaner ihr Kind auf den Namen „Cassie" taufen.*

Andere Kurzgeschichten: Das Mädchen, das für Jesus in den Tod ging, „Kurzg. 5", Nr. 78; Öffentliches Bekenntnis für Christus, „Kurzg. 2", Nr. 64, 65 und 78.

Fürbitten

Darin zum Beispiel:

– Wir bitten für die christlichen Gemeinschaften, dass sie mehr wagen als debattieren, mehr zuhören als verordnen, mehr Verständnis zeigen als ausgrenzen.
– *Liedruf*

– Wir bitten dich für alle, die durch das soziale Netz fallen oder sich darin gefangen fühlen, dass sie Menschen finden, denen sie vertrauen können und auch dich als Halt und Ausweg erfahren. – *Liedruf*

– Wir bitten dich für unsere Gemeinde: Lass die kleinen Fische darin im großen Meer des Nicht-Mehr-Glauben-Könnens nicht verloren gehen und hilf allen, gegen den Strom anzuschwimmen. – *Liedruf*

– Wir bitten für uns selbst, dass wir „firm" in unserem Glauben werden und die Hoffnung auf eine gute Zukunft nie verlieren. – *Liedruf*

Meditation

1. Fische schwimmen meistens gegen den Strom.
Viele nehmen auch große Anstrengungen auf sich,
zu ihren Ursprüngen zurückzuschwimmen, um dort zu laichen.

2. Auch wenn es noch so verlockend einfach erscheint,
sich mit dem Strom treiben zu lassen:
Sie wählen den schwierigeren Weg und ruhen nicht,
bis sie ihr Ziel erreicht haben
und ihre Lebensaufgabe erfüllt ist.

1. Oft ist es auch für uns bequem zu sagen:
Ich sehe zwar das Unrecht, aber ich übersehe es –
wie die anderen – wie die Mehrheit.

2. Genauso oft verschweigen wir unseren Glauben,
weil wir nicht auffallen wollen unter einer Vielzahl von Menschen,
denen Gott nichts mehr bedeutet.

1. Der Weg zu unserem großen Ziel, zum Reich Gottes,
ist nicht immer der bequemste.
Da müssen wir manchmal gegen den Strom schwimmen –
wie ein Fisch.

(Firmlinge aus St. Pankratius, 50126 Bergheim)

Hinweis: Im Vorfeld der Firmung oder Konfirmation kann für ältere Jugendliche folgender Fall von Bekenntnis diskutiert werden:
Pakistan, Ende April 1998: Der christliche Bischof Josef John steht vor einer schweren Entscheidung: In diesem von fundamentalistischen Muslimen regierten Staat sind Christen wegen Gotteslästerung angeklagt, was in solchen Ländern leicht geschehen kann. Kein Verteidiger findet sich für sie im ganzen Land. Der Bischof, ein engagierter, beliebter Seelsorger, setzt sich leidenschaftlich für die Menschenrechte ein, die er hier mit Füßen getreten sieht. Er verbringt eine Nachtwache mit Gebet und Fasten – zusammen mit vielen Christen. Er hat seinen bischöflichen Mitbrüdern geschrieben: „Vielleicht muss ich das größte Opfer bringen, um diesen Mitchristen die Freiheit zu bringen."
Danach lässt er sich zum Gerichtsgebäude der Stadt fahren, geht Stufe um Stufe nach oben und erschießt sich auf der letzten, um alle Welt auf das schreiende Unrecht aufmerksam zu machen.
– Geist oder Ungeist? – Jedenfalls Bekenntnis! (Feuer/Sturm)

2. Flagge zeigen

Symbol Flagge

Vorbereitungen

1. Die Jugendlichen basteln und malen „ihre“ Flagge, wobei sie sich die Fahne ihres Lieblingslandes aussuchen können. Vielleicht entstehen auch Fantasie-Flaggen, die um das Thema „Internationalität“ kreisen oder auch um das Thema „Frieden und Harmonie für alle“.
2. Im Altarraum stehen Vasen oder andere Behältnisse (zur Hälfte mit Sand gefüllt) zum Hineinstellen der Flaggen.
3. Je eine blaue, weißgelbe (mit aufgemalter Kirche), rote, violette und grüne Flagge stehen für das Sprechspiel zur Verfügung.

Lesungen: Apg 4,1-20: Wir können nicht schweigen über das, was wir gesehen und gehört haben;
Mt 10,16-39 oder Lk 12,4-12: Wer sich vor den Menschen zu mir bekennt ...

Zu Beginn

Nach dem Eingangslied ziehen die Jugendlichen nach vorne und stellen oder stecken ihre Flaggen an die vorgesehene Stelle, sodass der Altarraum bunt und international ausschaut, sie so aber gleichzeitig ihre Bereitschaft dokumentieren, „Flagge zu zeigen“.

Sprechspiel mit Jugendlichen

(die Jugendlichen halten die unter „Vorbereitungen, 3." genannten Flaggen)

Gl.: Der Chorraum erweckt den Eindruck, als ob hier eine internationale Messe oder ein großes Sportereignis beginnt. In der Tat ist der, der uns heute „firm", also stark machen soll, „international": Der Heilige Geist hält sich nicht an Landebahnen, wird nicht durch Grenzen, Gebirge oder Meere aufgehalten. Er kann in jedem wirken, der sich für ihn öffnet.

Ihr habt fünf besondere Flaggen mitgebracht. Der Ausdruck „Flagge zeigen" bedeutet ja „Sich zu erkennen geben" und hat seinen Ursprung in der Seefahrt: Die Flagge am Heck zeigt das Heimatland des Schiffes an.

Ihr schickt euch jetzt an, auf die „offene See" des Lebens zu fahren, und es wäre schön, wenn ihr da auch Flagge zeigtet; also zu erkennen gäbt, was ihr denkt und glaubt.

1. Spr.: Meine **blaue** Farbe steht für die Symbolfarbe des Glaubens. Allerdings fällt es schwer, Flagge zu zeigen, wenn um mich herum über meinen Glauben gelächelt wird, oder wenn ich spüre: Die anderen fahren in einem ganz anderen Boot. Dann verstecke ich gern meine Flagge, das heißt meinen Glauben, den ich doch eigentlich hochhalten wollte.

2. Spr.: Meine **weißgelbe** Flagge zeigt eine Kirche, die in unseren Breitengraden immer mehr ein Schattendasein führt. Manchmal ist es mir unangenehm, mich zu ihr zu bekennen, obwohl ich keine echte Alternative sehe. Die spitzen Bemerkungen in den Medien und die Gesellschaft, die mittlerweile nach ganz anderen Prinzipien lebt, machen es schwer, die Fahne der Kirche hochzuhalten. Ich möchte mich mit etwas identifizieren, was Eindruck macht, toll ist, begeistert ...

Gl.: Wer die Kirchengeschichte kennt, weiß, dass es der Kirche schon viel schlechter ging als es ihr heutzutage geht – trotz der guten Arbeit in den Kirchengemeinden und den vielen Einrichtungen, die aus Kirchensteuergeldern finanziert werden. Wir brauchen den Mut nicht sinken zu lassen. Das wünschen wir Katecheten und Katechetinnen wie auch alle Verantwortlichen in den Gemeinden uns sehr.

3. Spr.: Meine **rote** Flagge will an die Flamme und das Feuer des Heiligen Geistes erinnern, der auch heute noch den Funken überspringen lässt und Begeisterung schenken kann. Es gibt so viel Ungeist in der Welt; man könnte oft darüber erschrecken, wie die Freiheit des Denkens ausgenutzt wird. – Ich möchte mich auf die Seite des guten Geistes stellen, wozu ich heute besonders aufgerufen werde. Wenn Eltern und Paten, ältere Geschwister und überzeugende Erwachsene an der Seite mitkämpfen, fällt uns das Flagge-Zeigen leichter!

4. Spr.: Mit meiner **violetten** Fahne möchte ich an all das Leid erinnern, das der Un-Geist in die Welt bringt: Da werden Menschen aufgrund ihrer Überzeugung in Politik oder Religion oder wegen ihrer Hautfarbe niedergemacht, da wird gefoltert, benachteiligt und umgebracht – wie ja einst auch Jesus verhaftet, gefoltert und umgebracht wurde, weil er „Flagge zeigte“. Das ist ein Feld, auf dem ich mich engagieren kann.

5. Spr.: Zuletzt meine **grüne** Flagge: Sie soll für das SOS stehen, das so viele in Seenot signalisieren. SOS heißt übersetzt: Rettet unsere Seelen! Es geht also um mehr als körperliche existentielle Not. So viele Kinder und Jugendliche sitzen zwischen allen Stühlen! Oder was nützen schnelle Autos, wenn wir nicht die Richtung kennen? Ich möchte im Rahmen meiner Möglichkeiten ein bisschen Hoffnung und Orientierung schenken.

Gl.: Flagge zeigen! Da braucht ihr die Begleitung anderer. Schaut auf sie, die Eltern, die Paten, die älteren Geschwister, die Katecheten, Seelsorgerinnen und Seelsorger. Wir möchten es versuchen – und wir brauchen euch, wenn es mit der Kirche weitergehen soll. Im Namen Jesu! Im Namen des Heiligen Geistes Gottes: Flagge zeigen!

Fürbitten

Siehe Anhang III., Seite 148f.

Meditation

1. Spr.: Glauben ist mehr!
Glauben ist mehr als ein paar gut gemeinte Worte.
Glauben ist mehr als „Ja, ja, es gibt wohl einen Gott!“
Gott ist mehr als ein Sonntagmorgen in der Kirche.

2. Spr.: Glauben ist mehr!
Glauben ist mehr als ein Lippenbekenntnis.
Glauben ist mehr als ein Fähnchen im Wind.
Glauben ist mehr – er gleicht einem Banner!

3. Spr.: Glauben ist mehr!
Glauben ist mehr Zuversicht und weniger Angst.
Glauben ist mehr Hilfe und weniger Verurteilung.
Glauben ist mehr Achtung und weniger Spott.

4. Spr.: Glauben ist mehr!
Glauben ist mehr Freiheit und weniger Zwang.
Glauben ist mehr Geduld und weniger Drängen.
Glauben ist mehr Überzeugung und weniger Überwachung.

(Idee, Sprechspiel und Meditation nach Ulrike Fell, Bergheim)

3. Ein brennendes Herz gewinnen

Symbol Herz (skizziert)

Hinweis: Beachten Sie als Alternative die Gottesdienstvorschläge Nr. 4, 5 und 24.

Vorbemerkung

Von der Symbolik her ist dieser Gottesdienst so einfach und leicht verständlich, dass Sie unbedingt versuchen sollten – vielleicht noch mehr als sonst – die Jugendlichen selbst den Gottesdienst entwerfen zu lassen. Es geht um die Symbole Herz, Stein und Licht (= Kerze). Um der Versuchung zu entgehen, den Jugendlichen doch etwas Fertiges in die Hand zu geben, finden Sie in diesem Vorschlag nichts Ausformuliertes.

Vorbereitungen

1. Benötigt werden viele Teelichter, mindestens so viele wie die Anzahl der Firmlinge/Konfirmanden; eine leicht schiefe Fläche, auf der das später brennende Herz auch für die Gemeinde sichtbar wird, ein dicker Stein und ein Docht. Bei der Firmung brennen eventuell vor dem Altar auch die Taufkerzen der Firmlinge, die in der Firmung ihr persönliches „Ja" zur Taufe sprechen, bei der sie damals nicht gefragt wurden.

2. Die Firmlinge/Konfirmanden werden in mindestens drei Gruppen aufgeteilt:
   A: Der dicke Stein soll zum Nachdenken anregen über ein „Herz aus Stein" (bis hin zur versteinerten Miene) wie auch ein „Herz aus Eis" (eisige Kälte; Worte wie Schneebälle dem anderen ins Gesicht schleudern; selbst ein Teelicht kann ich noch als Wurfgeschoss verwenden, um einem anderen Schaden zuzufügen). Was die Begriffe Stein und Eis zu Hause, in der Schule oder in der Freizeit bedeuten können, wird in Stichworten gesammelt und später im Gottedienst vorgetragen.

B: Eine Gruppe übt sich im Kerzen-Gießen. Vielleicht ist es möglich, aus Wachsresten ein größeres Herz zu gießen, in das so viele Dochte eingelassen werden wie Firmlinge/Konfirmanden mitmachen. (Vorsicht: Feuergefahr!)
C: Diese Gruppe arbeitet an Texten zur Ezechiel-Stelle: „Gott spricht: 'Ich nehme das Herz aus Stein aus ihrer Brust und gebe ihnen ein Herz aus Fleisch!' " (Ez 11,19). Hier sollte die „Kerze", das Licht im Herzen, eine Rolle spielen: Solange sie nicht brennt, Licht und Wärme und vielleicht Orientierung schenkt, bleibt ihre Aufgabe unerfüllt. Was heißt ein brennendes Herz haben? (Jesus wird auf älteren Bildern manchmal mit einem flammenden Herzen dargestellt.) Auch hier werden Notizen gemacht, die eine/r später im Gottesdienst wiedergibt. In dieser Gruppe sollten auch die Fürbitten, vielleicht sogar eine Meditation entstehen.

Bausteine für die Messfeier

Vorstellen der Firmlinge/Konfirmanden

Jeder Jugendliche kommt nach vorne und setzt als Zeichen seiner Bereitschaft, sich für Jesus und seine Botschaft einzusetzen, sein Teelicht – noch nicht entzündet – in die Umrisse eines Herzens. (Hier sollte schon eine Reihe Teelichter stehen, falls die Anzahl der Firmlinge/Konfirmanden gering ist.) Denkbar ist auch, dass eine/r pro Gruppe die Teelichter nach vorne bringt.

Bußakt

Versteinerungen des Herzens, Eiszeiten. Eine/r aus Gruppe A erzählt davon, was die Gruppe dazu gefunden hat. Der große Stein wird ins Herz gelegt.

Lesung: 1 Kor 13,4 - 8a.13: Das Hohelied der Liebe. – *Als Einleitung:* Beim Propheten Ezechiel steht das bedeutende Wort: Gott spricht: „Ich nehme das Herz von Stein aus ihrer Brust *(ein Firmling/Konfirmand nimmt den Stein aus dem Herz, hält ihn gut sichtbar hoch und legt ihn dann auf den Boden)* und gebe ihnen ein Herz aus Fleisch!" Was das näher bedeutet, hören wir jetzt aus dem Hohelied der Liebe. *Alternativ zum letzten Satz:* Wir hören aus dem Galaterbrief, was ein Herz aus Fleisch bedeuten kann: Gal 5,22-23 *(meditativ lesen!).*

Hinweis: An dieser Stelle des Galaterbriefes meint „Fleisch" den Menschen, der von der Sünde beherrscht wird; diese Stellen sollten hier unbedingt ausgeklammert werden!

Evangelien: Mt 5,14-16: Ihr seid das Licht der Welt;
Lk 12,49-53: Ich bin gekommen, Feuer auf die Erde zu bringen („Feuer" im Sinne von Entschiedenheit und deutlicher Entscheidung für Christus; dies wird immer Reibflächen verursachen.)

Predigt

Zu Beginn erzählt ein/e Sprecher/in aus Gruppe C, was der Gruppe zu „Herz aus Fleisch“ und „ein brennendes Herz haben“ eingefallen ist. Dann geht er/sie zur Osterkerze, entzündet den Docht und anschließend damit alle Teelichter in dem Herz. *(Das gelingt schneller, wenn das Wachs an den Dochten der Teelichter vorher abgestreift wurde.)* Dieses Bild greift Gl. nun auf. Vielleicht kann er in seiner Predigt auch auf das Teelicht der Jugendlichen eingehen, die oft in der Phase von „himmelhoch jauchzend und zu Tode betrübt sein“ stehen: Der Docht darin erscheint zu nicht viel nütze, eignet sich nicht für eine Osterkerze – wie auch mit dem Klümpchen Wachs keine großen Sprünge möglich sind. Aber für ein Teelicht reicht es! – „Es ist besser, ein kleines Licht anzuzünden, als über die Dunkelheit zu schimpfen!“

Fürbitten und Meditation

Beides sollte Gruppe C erstellen. (Anregungen dazu: Siehe im Anhang III. und IV. und im Vorschlag Nr. 5 und 24.)

4. Das Feuer soll brennen!

Symbol Feuerzunge

Hinweis: Beachten Sie zum Thema „Feuer“ auch die Gottesdienstvorschläge Nr. 3, 5 und 24.

Vorbereitungen

1. Die Grafik wird so vergrößert nachgebastelt, dass dieses Feuerzungensymbol aus roter Pappe eindrucksvoll wirkt – und je nach Größe des Kirchenraumes kann es beträchtliche Ausmaße haben. Am unteren Teil der Grafik, die möglichst über dem Altar hängt, werden unterschiedlich lange rote Bänder von 15 bis 20 Metern angebracht, die zunächst noch gebündelt sind, nach der Ansprache aber entfaltet und strahlenförmig zur Gemeinde hin ausgebreitet werden. Die Enden der Bänder werden mit Klebestreifen an Bänken, Säulen oder Wänden befestigt.

2. Für alle eine ausgeschnittene kleine Flamme bereithalten oder einen Button, der eine rote Flamme zeigt; oder die abgebildete Grafik „Feuer und Flamme für die Kirche“ als Button gestalten oder ausmalen und auf Streichholzschachteln mit Inhalt kleben, die verteilt werden.

3. Wenn ein Tanz stattfinden soll, dann muss er gut geübt sein.

Lesungen: Apg 2,1-13: Feuerzungen ließen sich auf jedem nieder;
Lk 12,49-53: Ich will, dass das Feuer brennt (= Entscheide dich für mich!)
Joh 20,19-22: Er hauchte sie an: Empfangt den Heiligen Geist!

Kurzgeschichten

a) Beim Gehen predigen

Von Franz von Assisi erzählt man folgende Geschichte: Eines Tages schlug er einem jungen Mönch vor: „Wir wollen in die Stadt gehen und dort den Leuten predigen." So machten sie sich auf den Weg nach Assisi. Sie gingen durch die Straßen und über den Marktplatz und unterhielten sich dabei über ihre geistlichen Erfahrungen und Erkenntnisse. Erst als sie wieder auf dem Weg nach Hause waren, rief der junge Mönch erschrocken aus: „Aber Vater, wir haben vergessen, den Leuten zu predigen!" Franz von Assisi legte lächelnd die Hand auf die Schulter des jungen Mannes. „Mein Sohn", antwortete er, „wir haben die ganze Zeit nichts anderes getan. Wir wurden beobachtet und Teile unseres Gesprächs wurden mitgehört. Unsere Gesichter und unser Verhalten wurden gesehen. So haben wir gepredigt." Dann fügte er hinzu: „Merke dir, mein Sohn, es hat keinen Sinn zu gehen, um zu predigen, wenn wir nicht beim Gehen predigen."

(H. L. Gee)

b) Ganz Flamme werden

Ein Mann besuchte einen Gesetzeslehrer und sprach: „Rabbi, soweit es in meinen Kräften steht, faste ich hin und wieder, bete und meditiere ich ab und zu und bemühe mich auch durchaus schon mal um den Frieden. Und soweit ich vermag, achte ich darauf, dass mein Denken positiv ist. Was müsste ich außerdem tun?" Der Weise erhob sich und streckte die Hände zum Himmel empor: Da glichen seine Finger zehn lodernden Fackeln. Und er sprach: „Wenn du willst, dann kannst du ganz zur Flamme werden!" *(Hände nach oben strecken!)*

(Verändert nach: Yushi Nomura, Vom Anzünden des göttlichen Feuers. Lebensweisheiten aus der Stille)

Ansprache

Es gibt ausreichend Feuerlöscher in allen Gemeinderäumen, auch für diesen Raum sind sie vorgeschrieben. Aber wir suchen Menschen, die sich entflammen lassen: Es darf kein Video-Feuer sein, das nach 90 Minuten erlischt und erst recht kein Strohfeuer. Nein, wir suchen Menschen, die sich ihr Herz erwärmen lassen, in deren Köpfen Funken sprühen – wie damals am Pfingsttag. Dann springt der Funke über, dann wird Be-geist-erung möglich!
Was bedeutet es, sich auf den Geist Gottes einzulassen? Wir sehen über dem Altar die Darstellung einer Geisttaube, deren Kopf selbst eine Flamme ist. Gottes Heiliger Geist möchte, dass sein Feuer in unserer Welt brennt – durch uns! Wir schauen einem Tanz der Jugendlichen zu, mit dem sie uns zeigen wollen, wie resignier-

te Menschen neu Feuer fangen können, es nicht für sich behalten, sondern weitertragen ...
(Planen Sie keinen Tanz, wird das Lied gesungen: „Die Sache Jesu braucht Begeisterte“ [s. „Troubadour“ 366, neu: 65]. Am Ende des Tanzes oder des Liedes werden die Bänder strahlenförmig in der Kirche ausgebreitet.)

(Nach Martin Böller, Bergisch-Gladbach-Refrath)

Fürbitten

Siehe Anhang III. Seite 148f.

Meditation

Siehe Anhang IV., 1.7, Seite 155, oder die Meditation aus dem Vorschlag Nr. 24.

oder:
(mit Musik unterlegen)

1. Spr.: Feuer ist Leben.
Feurige Augen sprühen vor Begeisterung.
Da springt ein Funke über.
Feuer und Flamme sein!

2. Spr.: Feuer ist Leben.
Es brennt den Ton und macht ihn fest.
Es lässt das Eisen schmieden und formen.
Es ist so gewaltig und um sich greifend,
dass ich es hüten muss.

1. Spr.: Feuer! Ich begegne dir mit Ehrfurcht und Scheu.
Doch zugleich faszinierst du mich.
Du schmerzt und läuterst, verwandelst und erwärmst.

2. Spr.: Feuer! Brenne in uns!
Für wen bin ich bereit, durchs Feuer zu gehen?
Bin ich stark genug, mich der Feuerprobe zu stellen?
Hilf mir, Feuersäulen-Gott,
der sich im brennenden Dornbusch offenbarte.

(Nach Sr. M. Katharina Wildenauer)

5. Zungen wie von Feuer: Entzünde in uns das Feuer deiner Liebe!

Symbol Feuer

Hinweis: Beachten Sie zum Thema „Feuer“ auch die Gottesdienstvorschläge Nr. 3, 4 und 24.

Vorbereitungen

1. Für alle Teilnehmer wird eine Feuerflamme in ca. 10 cm Größe aus gelb-, orange- und rotfarbigem Papier ausgeschnitten, auf die sie am Eingang jeweils ihren Namen schreiben. Im Altarraum wird ein Teil dieser Flammen auf schwarzem Papier so zueinander geklebt, dass ein großes loderndes Feuer entsteht.
2. Sieben größere Feuerflammen für das Sprechspiel ausschneiden.
   Alternative 1: Eine Kupferschale von ca. 50 cm Durchmesser steht auf einem Metallständer. In die Schale wird kurz vor dem Gottesdienst ca. ein Liter Brennspiritus geschüttet, der – wegen der leichten Geruchsbelästigung – mit einer Platte abgedeckt wird.
   Alternative 2: Sieben Kerzen werden beim Sprechspiel nacheinander entzündet und dann auf einen siebenarmigen Leuchter gestellt.
3. Wer eingangs keine Feuerflamme erhalten hat, kann sich nach dem Sprechspiel eine holen.

Lesungen: Ex 3,1b-6.12.14: Der brennende Dornbusch;
Apg 2,1-4(8): Es erschienen Zungen wie von Feuer;
Lk 12,49.51-53: Jesus ruft die Menschen in die Entscheidung;
Joh 20,19-22: Empfangt Heiligen Geist!

Bußakt

1. Viele fühlen sich ausgebrannt und entmutigt. – Herr, erbarme dich!

2. Manche Gruppierungen in der Kirche erscheinen mitunter von allen guten Geistern verlassen. – Christus, erbarme dich!

3. Viele Gutgesinnte warten darauf, dass der Funke wieder überspringt. – Herr, erbarme dich!

Gl.: Ja, Herr, mache aus uns wieder entflammte Christuszeugen. Entzünde in uns wieder das Feuer der ersten Liebe.

Sprechspiel

(Entweder hinter einem lodernden Feuer sprechen, oder sieben größere ausgeschnittene Flammen werden nach dem Text zu dem stilisierten Feuer geheftet; vgl. Vorbereitungen)

1. Spr.: Eine Wolkensäule, aus der nachts Blitze schlugen, rettete das Volk der Israeliten vor den verfolgenden Ägyptern. Die Säule erhellte ihnen auch die Nacht, als sie weiter durch die Wüste zogen. So erfuhren sie in der Feuersäule die machtvolle Nähe Gottes.

2. Spr.: Aus dem brennenden Dornbusch verriet Gott Mose seinen Namen: „Ich bin da für euch!“ (Ex 3,14). Auch wenn wir in der uns verliehenen Frei-

heit im Leben andere Leuchtfeuer suchen und Gott den Rücken kehren, spricht er: „Ich bin für euch da!"

3. Spr.: In der Taufe sind wir mit Wasser und Feuer im Heiligen Geist getauft. „Feuer" bedeutet hier: sich ganz für Jesus und seine Botschaft einsetzen. Die „Sache Jesu" braucht Be-**geist**-erte!

4. Spr.: Die vielen Feuerflammen auf der Tafel ergeben ein mächtiges Feuer. Es kommt dabei auf jede Flamme, also auf jede und jeden an, damit sich an diesem Licht andere orientieren und wärmen können.

5. Spr.: Gold und Silber werden in der Glut eines Feuers ganz rein und echt. Im Feuer des Heiligen Geistes verbrennt alles Bequeme und Gemeine. Nur das Echte und Reine kann auch vor den Augen Gottes bestehen.

6. Spr.: Am Pfingstfest fällt das Feuer Gottes in eine lahme Jüngerschaft, die sich aus Angst vor der Öffentlichkeit eingeschlossen hat. Als der Funke überspringt, reißen sie die Türen auf und können dreitausend Menschen für Jesus begeistern.

7. Spr.: Jesus wollte durch sein Kommen Feuer auf die Erde werfen (Lk 12,49). Er will die Auseinandersetzung, die zu keinem Unrecht schweigt. Er fragt auch uns, ob wir weiter so mittelmäßig unauffällig bleiben wollen.

Fürbitten

Gl.: Wir rufen zu unserem Herrn und Gott, der uns mit den Gaben seines Geistes beschenken möchte:

1. Für alle Verantwortlichen in Staat und Kirche, die manchmal mehr taktieren als sich auf den Geist Gottes einlassen: Lass sie Entscheidungen in deinem Sinne treffen und für Gerechtigkeit und Frieden in der Welt kämpfen. – *Liedruf*

2. Für uns Firmlinge/Konfirmanden, unsere Eltern, Paten, Katecheten und Freunde und alle, die sich manchmal mit dem Glauben schwer tun: Entzünde in uns die Flamme des Glaubens! – *Liedruf*

3. Für alle, denen in ihrer Not niemand zuhört und die keine Hilfe und Freundschaft erwarten dürfen: Schmelze den Eispanzer der Gleichgültigkeit um die Herzen der Menschen. – *Liedruf*

4. Für alle, die schwach geworden sind im Glauben, in der Hoffnung und der Liebe: Rüttle an ihren Herzen, damit sie sich wieder öffnen für das Feuer des Geistes Gottes. – *Liedruf*

Gl.: Wir loben und ehren dich, guter Gott, Ursprung und Ziel unseres Lebens, der du mit Jesus und dem Heiligen Geist lebst und liebst bis in alle Ewigkeit.

Meditation

1. Spr.: Herr, du bist gekommen, Feuer auf die Erde zu werfen:
Feuer, das ansteckt; Feuer, das überspringt; Feuer, das brennt.

2. Spr.: Feuer in kleiner Flamme, die sich langsam ausbreitet.
Feuersturm, der alles erobert, aufflammt, hell auflodert.
Feuersäule, uns voraus, um die Nacht zu erhellen.

1. Spr.: Du bist das wärmende Licht, in dem man geborgen ist.
Du bist die zärtliche Wärme, die uns umhegt.
Du bist die freundliche Flamme, die unsere Herzen erwärmt.

2. Spr.: Du bist das strahlende Licht, das uns zueinander führt.
Du bist die ansteckende Kraft, die in uns Feuer entzündet.

1. Spr.: Du bist die Leben weckende Wärme, die Freude zum Leuchten bringt.
Du bist der helle Schein, der uns den Weg erleuchtet.

2. Spr.: Komm mit deinem Feuer! Mach uns zu deinem Feuersignal!
Mach uns zum Feuer deines Mundes!
Mach uns zum Licht deines Lichtes!

(Gabriele Miller)

Alternativen: Siehe Anhang IV., 1.7, Seite 155, oder Meditation im Vorschlag Nr. 4.

6. Von der kleinen Schraube im Schiff der Kirche

Symbol Schraube

Vorbereitungen

1. Die Jugendlichen sammeln in der Vorbereitungsphase Modellbauweisen, die mit Schrauben zu tun haben und die niemand mehr braucht. Sie ordnen das Eingesammelte. Jede Gruppe baut dann ihr Schiff „Kirche“. Oder alle Gruppen bauen gemeinsam ein riesiges Schiff. Beim Festgottesdienst stehen diese Schiffe am Rande des Altarraums, das größte vor dem Altar.

2. Alle Teilnehmer/innen erhalten eine Schraube.

Lesungen: 1 Kor 12,4-11: Verschiedene Gnadengaben – ein Geist;
Mt 28,16-20: Der Auftrag des Auferstandenen.

Kurzgeschichte von einer Schraube:

1. Spr.: Wir möchten euch zu dieser Schraube *(zeigen)* eine Geschichte erzählen: Die Geschichte einer kleinen Schraube. Sie war nicht größer als diese hier, mit bloßem Auge kaum zu erkennen.

2. Spr.: Solch eine kleine Schraube gab es einmal in einem riesigen Schiff. Zusammen mit vielen anderen ebenso kleinen Schrauben verband sie zwei große Stahlplatten miteinander. Auf der Fahrt mitten im Indischen Ozean fing diese kleine Schraube auf einmal an, etwas lockerer zu werden, und drohte herauszufallen. Als dies die anderen kleinen Schrauben sahen, die ihr am nächsten waren, sagten sie zu ihr: „Du, wenn du da herausfallen und dich selbstständig machen willst, dann gehen wir auch. Kannst sicher sein, dann laufen wir auch davon!"
Und unten am Schiffskörper hörte man die Nägel rufen: „Uns wird es auch zu eng. Wir lockern uns auch ein wenig." Als die großen eisernen Rippen das hörten, riefen sie: „Um Gottes willen, bleibt, wo ihr seid! Wenn ihr nicht mehr haltet, dann ist es auch um uns geschehen!"
Das Gerücht von dem, was die kleine Schraube vorhatte, verbreitete sich blitzschnell durch den ganzen riesigen Schiffskörper. Sämtliche Rippen und Platten und Schrauben und auch die kleinsten Nägel beschlossen, der kleinen Schraube express eine dringende Botschaft zu übermitteln. Diese Botschaft lautete:

1. Spr.: „Hör bitte auf, dich weiter zu lockern! Bleib, wo du bist! Sonst bricht am Ende noch das ganze Schiff auseinander und niemand von uns erreicht das Ziel unserer Fahrt; auch du nicht, weil wir alle untergehen!"
Jetzt erkannte die kleine Schraube auf einmal, was für eine ungeheure Bedeutung sie für das ganze Schiff hatte, so klein und unscheinbar sie war. Die Botschaft, die sie erhielt, schmeichelte ihrem Stolz. Und sie ließ den Rippen und Platten, den Schrauben und Nägeln ausrichten, sie habe sich jetzt entschlossen, an ihrem Platz zu bleiben.

Lied: Ein Schiff, das sich Gemeinde nennt („Troubadour" 22, neu 590), besonders die 3. Strophe: Im Schiff muss eine Mannschaft sein ...

Predigt

Die Jugendlichen werden auf ihre Einmaligkeit angesprochen: Keiner ist unwichtig im Bau des Schiffes „Kirche". Ja, „Kirche" ist auf jede „Schraube" angewiesen, wenn das Ganze gelingen soll. Jeder hat sicher in anderen Gemeinschaften schon erfahren: Wenn einer geht, gehen oft auch andere. Dann breitet sich an der Stelle lähmende Leere aus, die anstecken, anfechten, den Mut nehmen kann. Stehen wir aber zu unserem Glauben und zu unserer Kirche, dann macht das auch anderen Mut zu bleiben und alle können in Eintracht bauen und umbauen.
Hier können Jugendliche erzählen, wie es ihnen beim Schiffsbau ergangen ist. Sie können aber auch von Praktiken oder Einsätzen als Gruppe berichten (z.B. Krankenbesuch, Aktion für „Eine Welt" etc.).

Fürbitten

Gl.: Gott – du bist wie ein guter Vater, wie eine gute Mutter! Du möchtest, dass alle Menschen den Hafen Gottes finden. Wir rufen zu dir:

1. Sei allen nah, die auf der Kommandobrücke des großen Schiffes und der vielen kleinen Schiffe „Kirche“ stehen. *(Stille)* Christus, höre uns!
   – Alle: Christus, erhöre uns!

2. Steh allen bei, die voller Angst in einem Sturm des Lebens stehen. *(Stille)* Christus, höre uns!
   – Alle: ...

3. Fang alle auf, die vom Schiff der Kirche abgesprungen sind. *(Stille)* Christus, höre uns!
   – Alle: ...

4. Gib dich denen zu erkennen, die vergessen, gedrängt und hungrig im Bauch des Schiffes auf Hilfe warten. *(Stille)* Christus, höre uns!
   – Alle: ...

5. Schenk uns Mut, wenn wir manchmal meinen, wir seien ein zu kleines Rädchen im Getriebe der Gesellschaft und der Gemeinde. *(Stille)* Christus, höre uns!
   – Alle: ...

Gl.: Wir können dir, Herr, unser Gott, erst gefallen, wenn wir füreinander einstehen und gemeinsam das Ziel erreichen. Darum bitten wir durch Christus, unseren Herrn.

Meditation

Wir beten gemeinsam GL 29,6: Herr, mach mich zu einem Werkzeug deines Friedens.

7. Lebendiges Wasser

Symbol Wasser

Vorbereitungen

1. Vorne plätschert gut sichtbar und hörbar ein kleiner Brunnen, wie er in den verschiedensten Ausführungen in Blumenmärkten zu kaufen oder auszuleihen ist.
2. Die Missio-Leuchtbox zeigt die Folie 36/3 oder 42/3 mit sprudelndem Wasser. Geeignet sind auch die beiden Bilder mit Wasser trinkenden jüngeren Mädchen F 5/4 und 37/3.
3. Eventuell für alle Teilnehmer/innen einen kleinen Krug töpfern.

Einleitung

Der Heilige Geist, der heute in uns allen eine Menge bewirken kann, wird nicht nur in den Symbolen Feuer oder Sturm oder Geisttaube dargestellt, sondern auch mit dem Gleichnis Wasser. „Gieß Liebe in die Herzen ein!" heißt es im Gotteslob Nr. 245, 4. Strophe. Wir sehen es am Brunnen hier vorne: Er hält sein Wasser nicht krampfhaft fest. Er verschenkt es. Die Quelle ist nicht kleinlich oder berechnend; sie gibt sich einfach hin.

Lesungen: 1 Kor 10,1-4: Alle tranken aus dem Leben spendenden Felsen Christi;
Joh 4,13-15: Das Wasser, das ich gebe, wird im Menschen zur sprudelnden Quelle.

Kurzgeschichte als Meditation

Gl.: Mit dem Wasser des Brunnens könnten wir uns die Augen der Seele auswaschen, um wieder besser zu sehen.

1. Spr.: In dem Dorf Piemont, erzählt man,
laufen die Menschen beim ersten Osterläuten
zum Brunnen in der Mitte des Dorfes.
Dort waschen sie sich die Augen aus.
Sie wollen Osteraugen bekommen.

2. Spr.: Sie waschen sich aus:
Die „Ich-will-der-Erste-sein"-Augen;
die „Geh-mir-aus-den-Augen"-Augen;
die „Mit-dir-will-ich-nichts-zu-tun-haben"-Augen
die „Du-bist-mir-zu-blöd"-Augen.

3. Spr.: Sie wollen Osteraugen bekommen.
Darum waschen sie die kalten Blicke fort –
und die listigen, neidischen, misstrauischen Blicke.
Alle die Blicke, die Angst in eine Gruppe bringen;
alle die Blicke, die eine Gemeinschaft zerstören.

4. Spr.: Und das kalte Brunnenwasser, sagt man,
schwemmt den Dreck des alten Jahres fort.
Sie heben den Kopf und schauen sich an:
mit gütigen, wohlwollenden, verzeihenden Augen.
(Nach Bernhard Langenstein, Bergmoser + Höller Verlag, Aachen)

Gl.: Ostern ist heute; Ostern ist jeden Tag.

Predigt

Die Quelle Jesu Christi sprudelt auch heute weiter. Sein Geist will Leben schenken. Wir hören einmal eine Zeitlang dem Plätschern des Wassers zu *(ca. 30 Sekunden Stille)*.
Ich bin davon überzeugt, dass wir Jesu Botschaft und den Heiligen Geist, den guten, wohlwollenden, barmherzigen Geist Gottes mehr denn je in unserer Welt brauchen. Und ich glaube, dass unsere Kirche, unsere viel geschmähte, schon totgesagte Kirche immer eine Menge zu geben hat, wenn sie sich ständig an der Quelle Christi erneuert.
Die Frage ist nur, ob wir bereit sind, diese Wasser aufzufangen, zu bitten: Gieß Liebe in unsere Herzen ein! (GL 245, 4. Strophe). Bewege, belebe uns! Lass zunächst die Wüsten in mir grün, das Harte weich werden, damit Liebe wachsen kann, Hoffnung Wurzeln schlägt und Glaube und Vertrauen nicht austrocknen! Dann entsteht wie von selbst neuer Mut, um manchmal gegen den Strom unserer Zeit zu schwimmen.

Fürbitten

Gl.: Alle Menschen dürsten nach Liebe und Geborgenheit. Wir rufen zum Geist Gottes voller Sehnsucht:

1. Es gibt so viele, die keiner mag oder die alleine sind. Stille ihren Durst nach Anerkennung und Freundschaft. Und lass uns dabei helfen! – *Liedruf*

2. So viele sind traurig oder leben in ungerechten Verhältnissen. Gib ihnen eine Schale voll Freude und Gerechtigkeit. Und lass uns dabei helfen! – *Liedruf*

3. So viele sind verzweifelt oder leben in Streit und Krieg. Stille ihren Durst nach Frieden. Und lass uns dabei helfen! – *Liedruf*

4. Lass uns selbst wie eine Quelle frischen Wassers werden, die alle trinken lässt, die Durst haben – ob Freund oder Feind. – *Liedruf*

Gl.: Dann schenken wir deinen Geist weiter. Dann werden wir in deiner Jüngerschaft zum lebendigen Wasser durch Christus, unseren Herrn.

Hinweis: Weitere Fürbitten siehe Anhang III., Seite 148f.

Meditation

Gl.: Bereits den ganzen Gottesdienst über plätschert der Brunnen (oder die Quelle) hier vorne, unser Symbol für Gottes Geist, der Frucht bringen möchte. Wir hören eine Betrachtung über die Wirkungen des Wassers, ein Ursymbol aller Weltreligionen, die symbolisch für alle Menschen gelten:

1. Spr.: Ein weiser Mann in China, der den Blick nicht vom unablässig strömenden Wasser abwandte, sprach: „Das Wasser lehrt uns, wie wir leben sollen: Wohin es fließt, bringt es Leben und teilt sich aus an alle, die seiner bedürfen. Es ist gütig und freigebig.

2. Spr.: Ohne zu zögern in seinem Lauf, stürzt es sich über Steilwände in die Tiefe. Es ist mutig. – Seine Oberfläche ist glatt und ebenmäßig, aber es kann verborgene Tiefen bilden. Es ist weise. –
Felsen, die ihm im Lauf entgegenstehen, umfließt es. Es ist verträglich.

3. Spr.: Aber seine sanfte Kraft ist Tag und Nacht am Werk, das Hindernis zu beseitigen. Es ist ausdauernd. – Wie viele Windungen es auch auf sich nehmen muss, niemals verliert es die Richtung zu seinem ewigen Ziel, dem Meer, aus dem Auge. Es ist zielbewusst.

4. Spr.: Und so oft es auch verunreinigt wird, bemüht es sich doch unablässig, wieder rein zu werden. Es hat die Kraft, sich immer wieder zu erneuern.

Gl.: Das alles“, sagte der Weise, „ist es, warum ich auf das Wasser schaue. Es lehrt mich das rechte Leben.“

(nach Johannes Thiele, Fantasie für die Schöpfung, Verlag Herder 1990)

Alternative:

Gleichnis vom Wasser

1. Spr.: Herr, ich will sein wie das Wasser,
das die Felder befruchtet und überall Leben bringt.

2. Spr.: Herr, ich will sein wie das Wasser,
das Schmutz abwaschen und
ursprüngliche Schönheit wieder sichtbar machen kann.

1. Spr.: Herr, ich will sein wie das Wasser,
das der Richtung folgt, die Gott uns wies,
und bereit ist, andere zu tragen,
um in der Welt deinen Auftrag zu erfüllen:
für die Menschen da zu sein.

2. Spr.: Herr, ich will sein wie das Wasser,
das in Verbindung mit allen Meeren steht
und uns lehrt, jeden Menschen anzunehmen
als Bruder und Schwester, als Kinder desselben Ursprungs.

8. Die Botschaft weitertragen

Symbol Glocke (für Jüngere)

Vorbereitung

Auf dem Umriss einer sehr großen Glocke haften viele kleine ausgeschnittene Glöckchen, die nach der Predigt den Gottesdienstteilnehmern und -teilnehmerinnen überreicht werden.

Lesungen: Apg 8,1b.4-8: Die Verfolgung der ersten Christen bewirkte das Gegenteil: Die gute Nachricht von Jesus verbreitete sich besonders schnell in der damals bekannten Welt;
Mt 9,35-37: Jesus zog durch alle Städte und Dörfer;
Mt 28,16-20: Der Missionsauftrag des Auferstandenen.

Geschichte von der großen Glocke

Gl.: Wie wir im Acker unseres Lebens den Schatz des Reiches Gottes finden sollen (vgl. Mt 13,44), so fand ein russischer Bauer den Schatz einer Glocke.

1. Spr.: Es pflügte einmal im heiligen Russland ein Bauer das Feld. Da stieß er im Boden auf einen eisernen Ring, an dem etwas Schweres befestigt war. Er schlang durch den Ring ein Seil, daran spannte er seinen Ochsen – und siehe, der Ochse zog aus dem Ackergrund eine Glocke von grünem Erz hervor. Das ging leicht und glatt, wie man eine Rübe zieht. Und doch war die Glocke größer und schwerer als alle Glocken im ganzen Land.

2. Spr.: Die Nachbarn kamen herbeigelaufen und staunten. „Seht nur!", riefen sie. „Iwan hat eine Glocke im Acker gefunden!" Niemand wusste sich zu erklären, wie sie dahin gekommen war. „Es muss wohl ein Wunder sein", meinten sie.

1. Spr.: Der Bauer Iwan reichte dem Ochsen ein Büschel Gras. „Ihr mögt Recht haben", sagte er. „Wenn ich es hin und her bedenke, sieht das nach einem Wunder aus." – Nun holten sie ihre Beile und zimmerten einen hölzernen Glockenturm für die Glocke von grünem Erz.

2. Spr.: Zwölfmal im Jahr, an jedem der hohen Feiertage, wurde die Glocke geläutet. In allen Dörfern im Umkreis von sieben Meilen war sie zu hören. Wer sie vernahm, dem war es, als sei er für eine Weile ein neuer Mensch. Wer Kummer hatte, vergaß seinen Kummer; wer einsam war, seine Einsamkeit; den Kranken wurde die Krankheit leichter; die Traurigen fassten Mut. Die Armen fühlten sich reich und die Reichen erinnerten sich der Armen und halfen ihnen. So eine Glocke war das!

1. Spr.: Der große und strenge Zar aber, der das Land beherrschte, hörte von Iwans Glocke. „Das ist keine Glocke für Bauern“, sagte er. „Ich will sie mir holen und sie am höchsten Glockenturm meines Schlosses aufhängen.“ Tausend Soldaten nahm er, an ihrer Spitze zog er vor jenes Dorf. Die Bauern flehten den Zaren an: „Lass uns die Glocke, Herr! Hier hat sie Gott uns beschert und hier soll sie bleiben.“

2. Spr.: Der Zar ließ sich nicht erweichen. „Die Glocke“, sprach er, „ist mir zu gut für euch. Holt sie herunter, sie soll ihren Platz auf dem höchsten Turm meines Schlosses haben. Ich bin der Zar und der Wille des Zaren geht über alles!“

1. Spr.: Sie ließen die Glocke herab und die Leute des Zaren hoben die Glocke auf einen Wagen von Eichenholz, der mit Eisenbändern beschlagen war. Sechs Rösser spannten sie vor den Wagen. „Hüh!“, rief der Zar – doch die Rösser erwiesen sich als zu schwach für die Glocke aus grünem Erz; sie vermochten den Wagen nicht wegzuziehen. „Zwölf Ochsen!“, befahl der Zar. Seine Leute spannten ein Dutzend Ochsen vor. „Hoh!“, rief der Zar. „Zwölf Ochsen werden es schaffen!“ Mit eigener Hand ergriff er die Knute und schlug auf die Ochsen ein. Die Ochsen brüllten, die Ochsen legten sich ins Geschirr, doch sie vermochten den Wagen mit Iwans Glocke nicht wegzuziehen, nicht eine Handbreit.

2. Spr.: Der große und strenge Zar befahl den Soldaten, sich vor den Wagen zu spannen. „Und du“, gab er seinem Hauptmann Befehl, „spann dich auch vor! Und zieh, was du ziehen kannst!“ Aber die tausend Soldaten mit ihrem Hauptmann vermochten auch nicht, den Wagen mit Iwans Glocke vom Fleck zu ziehen, so schwer war die Glocke mit einem Mal!

1. Spr.: Der große und strenge Zar erkannte, dass ihm die Glocke um nichts auf der Welt gehören wollte. Da wurde er zornig und rief seinen Schmied herbei. „Schmied!“, rief er, „nimm deinen schwersten Hammer und schlag mir die Glocke in tausend Stücke! Wenn sie dem Zaren nicht läuten will, soll sie nie mehr läuten – in alle Ewigkeit!“

2. Spr: Der Schmied nahm den schwersten Hammer und wie es der Zar ihm befohlen hatte, zerschlug er die Glocke in tausend Stücke. Die Scherben bedeckten das Feld und der große und strenge Zar zog mit seinen Soldaten davon.

1. Spr.: Am nächsten Morgen – der Winter stand vor der Tür und der erste Schnee fiel – ging Iwan aufs Feld hinaus. Er wollte, bevor der Frost kam, die Scherben der Glocke wieder ins Erdreich pflügen, aus dem sie gekommen war. – Tausend Scherben aus grünem Erz gedachte er vorzufinden – aber was fand er?

2. Spr.: Das Feld war mit tausend Glöckchen besät, eines so rund und vollkommen wie das andere. Die las Iwan nun alle, alle in seine Schürze auf und

verschenkte sie an die Leute im Dorf und in den Nachbardörfern. Die Leute hängten die kleinen Glocken in das Geschirr der Pferde und wenn sie mit ihren Schlitten ausfahren, klingeln die Glöckchen über das weite verschneite Land.

(Otfried Preußler, Die Glocke vom grünen Erz, K. Thienemanns Verlag, Stuttgart 1976)

Ansprache

Ihr steht jetzt an einer Wende eures Lebens und am liebsten würde ich euch eine der kleinen Glocken in die Hand geben und sagen: „Du bist berufen seit der Taufe, aber jetzt besonders in dem, was heute an dir geschieht – wenn du es zulässt: aus eigener Entscheidung die Botschaft Jesu weiterzutragen durch deine Haltung und durch dein glaubwürdiges Tun. Das Glöckchen soll dich daran erinnern; häng es zu deinem täglichen ‚Geschirr'! Wir brauchen auch ganz kleine Glöckchen!"

Fürbitten

Gl.: Herr, unser Gott. Wir schöpfen neuen Mut aus dem Geist deines Sohnes, der uns nicht als Waisen zurückgelassen hat. Darum bitten wir dich:

1. Die große Glocke deiner Botschaft hat einen Sprung durch die zerstrittene Christenheit: Lass die Mächtigen in den Kirchen spürbare Schritte zur Einheit der Christen wagen. – *Liedruf*

2. Viele werden um ihres Glaubens willen „zerschlagen" und verfolgt: Lass sie im Vertrauen auf dich nicht den Mut verlieren. – *Liedruf*

3. Gerade an die Armen und die Menschen mit leeren Händen und Herzen richtet sich das freudige Geläute der Botschaft deines Sohnes: Schenke den Verzagten neues Vertrauen. – *Liedruf*

4. Wir dürfen die Botschaft der großen Glocke weitertragen. Schenke uns die Früchte deines Heiligen Geistes: Mut, Freude, Geduld, Friede und Treue. – *Liedruf*

Gl.: Dann können alle Menschen deine Güte spüren. Darum bitten wir durch Christus, unseren Herrn.

Meditation

1. Spr.: Herr, du hast uns gerufen mit der Macht deiner Stimme. Du hast uns in dein Reich gerufen, in dem du alle Völker versammeln willst. Danke, dass wir deine Kirche sein dürfen.

2. Spr.: Nicht Große und Mächtige hast du erwählt. Du hast uns Schwachen deine Botschaft anvertraut. Die Glöckchen in unseren Händen sollen uns ermutigen, diese Botschaft weiterzugeben.

1. Spr.: Wir möchten deine Gute Nachricht hinausläuten in alle Welt. Gottes Reich ist nahe. Der Schatz aus dem Acker liegt in unseren Händen.

2. Spr.: Wir läuten deine Frohe Botschaft in alle Welt: „Gott liebt uns. – Wir sind erlöst. – Hoffen dürfen die Armen mit leeren Händen!"

9. Neue Energie aus der Luft

Symbol Windmühle

Vorbereitungen

Eine große Windmühle ist im Altarraum aufgebaut. Auf ihren Flügeln sind die Namen oder Fotos der Firmlinge/Konfirmanden gut zu erkennen. – Kleine Windmühlen können gebastelt und beim Friedensgruß verteilt werden.

Lesungen: Apg 2,1-11: Da kam vom Himmel her ein Brausen, wie wenn ein heftiger Sturm daherfährt;
Joh 20,19-23: Er hauchte sie an.

Sprechspiel

Siehe unter Nr. 10, „Windrad", Seite 34; hier mit Änderungen, wie zum Beispiel:

2. Spr.: Früher wurden überall Mühlen aufgestellt, um mit der Kraft des eingefangenen Windes Korn zu Mehl zu mahlen. So wie ein Wind oder ein Sturm die Flügel der Windmühle vorantreibt, so soll uns der Heilige Geist erfassen.

5. Spr.: Statt „unser Lebensrad“: die Windmühle unseres Lebens.

7. Spr.: Statt „unser Rad“: unsere Flügel.

Meditation

(bei der Firmfeier: eventuell während der Firmspendung)
Siehe den „Windstärkentext“ unter Nr. 10, „Windrad“, Seite 35.

Alternativ:

1. Spr.: Wer die Flügel seiner Windmühle in den Wind des Heiligen Geistes hält, kann frischen Wind für seine Umgebung möglich machen. Wir hören einige Beispiele:

2. Spr.: Als Papst Johannes XXIII. die Idee hatte, ein Konzil einzuberufen, wurde er gefragt, was er damit bezwecken wolle: Da ging er an ein Fenster seines Arbeitszimmers und öffnete es symbolisch. Verschmitzt lächelnd sagte er: „Ich möchte frischen Wind hereinlassen.“

3. Spr.: An dem Tag, an dem ein neuer Wind wehte, fand ein wichtiges Fußballspiel statt. Kurz vor Schluss stand es 2 : 2. Dann die umstrittene Szene im Strafraum der Heimmannschaft. Der Schiedsrichter wollte schon weiterspielen lassen, als plötzlich der Libero der Heimmannschaft zum Schiedsrichter sagte: „Es war Handspiel von mir.“ – Durch den Strafstoß endete das Spiel 2:3 für die Gäste.

4. Spr.: An dem Tag, an dem ein neuer Wind wehte, rastete Sabine wieder einmal innerlich aus. Ihre hübsche kleine Schwester mit den blonden Locken erregte das Entzücken aller Tanten und Onkel, die zu Besuch kamen. Sie selbst wurde fast wie Luft behandelt. Abends stieß die Kleine mit dem Kopf gegen die Tischplatte und weinte und weinte. Zuerst dachte Sabine: „Soll sie bis morgen weinen!“ Aber dann nahm sie sie doch in den Arm und tröstete sie.

5. Spr.: An dem Tag, an dem ein neuer Wind wehte, schimpfte der Regierungschef nicht über die Angriffe der Opposition. Nein, der Kanzler sagte: „Es stimmt, was Sie da sagen. Die Steuerlasten sind ungerecht verteilt; der einfache Mann zahlt immer noch zu viel; die Familien stehen immer noch betrogen da. Ich glaube, wir haben da Fehler gemacht!“

(Nach Franz Melcher und Liesel Gaertner)

(Mit den Firmlingen/Konfirmanden weitere Beispiele suchen, die vorgetragen werden.)

Fürbitten

Gl.: Du Gott des Lebens, dessen Geist weht, wo er will. Wir vertrauen dir unsere Bitten an:

1. Für die christlichen Kirchen und alle, die in ihnen ein leitendes Amt innehaben: Erfülle sie mit Heiligem Geist, wenn sie Antworten suchen auf unbequeme Fragen und heikle Themen erörtern. Lass uns die getroffenen Entscheidungen achten und annehmen. – *Liedruf*

2. Für alle in Krieg, Not und Ungerechtigkeit: Rüttle mit deinem Sturm die Mächtigen der Staaten auf, durch menschenwürdige Lebensbedingungen für alle Menschen deinen guten Geist spürbar zu machen. – *Liedruf*

3. Für alle Eltern, Paten und Katecheten: Lass sie mit deinem Rückenwind bemüht bleiben, den Heranwachsenden Weggefährten zu sein. – *Liedruf*

4. Für die Neugefirmten/Neukonfirmierten, für alle Kinder und Jugendlichen: Schenk ihnen den Mut, immer wieder deine Windstöße aufzufangen und ihre Begabungen in kirchlichen und staatlichen Gemeinschaften einzubringen. – *Liedruf*

5. Für die evangelischen und katholischen Gemeinden: Hilf ihnen, Windfang für deine göttlichen Gaben zu sein, damit lebendige Gemeinschaft erfahrbar wird, die auch offen ist für die Nöte der Alten und Kranken, der Einsamen und Unerwünschten, der Zweifelnden und Suchenden. – *Liedruf*

6. Für alle Verstorbenen: Gewähre ihnen jetzt neue Heimat in deiner Nähe und lass sie in unseren Herzen lebendig bleiben. – *Liedruf*

Gl.: Guter Gott. Dein Geist will uns mit Leben erfüllen, damit wir dich in Worten und Taten bekennen. Darum bitten wir durch Christus, unseren Herrn.

Kurzgeschichten

a) Von einer Kirche, die ihre „Flügel" nicht mehr in den Wind Gottes hält:

Von der Rettungsstation zum Clubhaus

An einer gefährlichen Küste machten vor Zeiten ein paar Leute eine Rettungsstation für Schiffbrüchige auf. Zu dieser Rettungsstation gehörte nur ein einziges Boot. Mit diesem wagte sich die kleine, mutige Mannschaft immer wieder, bei Tag und bei Nacht, auf das Meer hinaus, um Schiffbrüchige zu retten. Es dauerte nicht lange, bis dieser kleine Stützpunkt bald überall bekannt war. Viele der Geretteten und auch andere Leute aus der Umgebung waren gern bereit, die armselige Station mit Geld zu unterstützen. Die Zahl der Gönner wuchs und wuchs. Mit dem Geld, das sie spendeten, wurde die Rettungsstation großzügig ausgebaut, immer schöner und komfortabler. Sie wurde allmählich zu einem beliebten Aufenthaltsort und diente schließlich den Männern als eine Art Clubhaus. Immer mehr Mannschaftsmitglieder weigerten sich nun, auszufahren und Schiffbrüchige zu retten. Sie wollten den Rettungsdienst überhaupt einstellen, weil er unangenehm und dem normalen Clubbetrieb hinderlich sei. Ein paar Mutige, die den Standpunkt vertraten, dass Lebensrettung ihre vorrangige Aufgabe sei, trennten sich von ihnen. Nicht weit davon entfernt begannen sie, mit geringen Mitteln eine neue Rettungsstation aufzubauen. Aber auch sie erfuhr nach einiger Zeit dasselbe Schicksal: Ihr guter Ruf verbreitete sich schnell, es gab neue Gönner und es entstand ein neues Clubhaus. So kam es dann schließlich zur Gründung einer dritten Rettungsstation. Doch auch hier wiederholte sich die gleiche Geschichte ... Wer heute diese Küste besucht, findet längs der Uferstraße eine beträchtliche Reihe exklusiver Clubs. Immer noch wird die Küste vielen Schiffen zum Verhängnis; nur – die meisten Schiffbrüchigen ertrinken.

b) Von einer Kirche, die ihre „Flügel" in den Wind Gottes hält:

Das Dorf ohne Kirche

Das Dorf in den Bergen ist sehr arm. Die Bauern haben nur kleine Felder. Und die liegen alle an steilen Hängen. Alles muss von Hand gemacht werden. Das gibt viel Arbeit und wenig Geld.
Früher stand einmal in dem Dorf eine kleine Kirche aus Holz. Eine Kerze, die nicht ausgelöscht wurde, steckte sie in Brand. Seither ist dort, wo die Kirche stand, ein leerer Platz und die Leute halten im kleinen Schulzimmer Gottesdienst. Die Zahl der Dorfbewohner ist so gering, dass alle darin Platz haben.
Natürlich hätten die Leute gern wieder eine Kirche, aber zuerst müssen sie sparen. Eine Kirche kostet Geld. Eine alte Frau liegt im Sterben. Alles ersparte Geld schenkt sie dem Dorf für eine neue Kirche.
Da hören die Leute gerade vom großen Erdbeben in Italien. Sie sehen schreckliche Bilder, lauter eingefallene Häuser. Sie sehen, es sind armselige Dörfer wie ihr eigenes. „Wir wollen eine Kirche bauen und dort ist solche Not", sagen sie. Und rasch entschlossen schicken sie das ganze Geld ins Erdbebengebiet. Die eigene Kirche haben die Leute im Dorf aber nicht vergessen. Sie sparen weiter und langsam ist genug Geld beisammen, um mit dem Bau beginnen zu können.
„Große Not der Flüchtlinge", steht in der Zeitung. „Niemand will die Boot-Flüchtlinge aus Asien aufnehmen."
„Können wir eine Kirche bauen, wenn Flüchtlinge keine Heimat haben?" Und ohne Zögern nehmen sie das ganze Geld, setzen drei alte Häuser in Stand, um in ihnen Flüchtlinge aufzunehmen. Und wieder beginnen sie mit dem Sparen. Aber jedesmal, wenn sie Geld haben, hören sie wieder von einer Not und helfen mit ihrem ganzen Geld.
„Wir haben keine Kirche", sagen sie, „aber es gefällt uns doch in unserem Dorf. Wir sind wie eine große Familie." Auf dem Platz, wo einmal die Kirche stehen soll, spielen die kleinen Kinder.

(Das Dorf ohne Kirche, aus: Josef Osterwalder, Erzähl mir eine Geschichte von Gott, © Matthias-Grünewald-Verlag, Mainz, 3. Auflage 1993)

10. Dein Geist weht ...

Symbol Windrad

Vorbereitungen

Alle Firmlinge/Konfirmanden basteln kleine Windräder, die beim Friedensgruß verteilt werden. – Ein großes bewegliches Windrad steht gut sichtbar im Altarraum oder ist auf einer Wand befestigt. (Eindrucksvoller: Es wird beim Sprechspiel langsam aus Einzelteilen zusammengefügt.)

Lesungen: Apg 2,1-11: Da kam vom Himmel her ein Brausen, wie wenn ein heftiger Sturm daherfährt;
Joh 20,19-23: Er hauchte sie an.

Sprechspiel

(Eventuell: Ein großes Windrad wird dabei aus Puzzleteilen zusammengefügt)

1. Spr.: Wir lassen uns zu allen möglichen Taten antreiben. Die Firmung/Konfirmation ist der bewusste Einschnitt im Leben, unsere Talente und Eigenschaften mehr in den Wind Gottes zu halten.

2. Spr.: Heutzutage werden mehr und mehr riesige Windräder aufgestellt, die der umweltfreundlichen Stromerzeugung dienen. So wie ein Wind oder sogar ein Sturm das Windrad antreibt, so soll uns der Heilige Geist erfassen.

3. Spr.: In der Lesung aus der Apostelgeschichte haben wir gehört, wie Petrus ganz schön in Bewegung kam. Und mit ihm wurden dreitausend Menschen vom Sturm erfasst, weil sie sich auf den Namen Jesu Christi taufen ließen.

4. Spr.: Dieser Sturm damals war natürlich ein ganz besonderer Sturm. Nicht wie einer, den der Wetterbericht meldet.

5. Spr.: In der Taufe hat Jesus uns auch angehaucht. Er will, dass unser Lebensrad sich dreht. Wir sollen unseren Glauben leben und bezeugen.

6. Spr.: In der Taufe sprachen Eltern und Paten für uns das „Ja". Wir selbst wurden nicht gefragt. Jetzt als Jugendliche können wir in der Firmung/Konfirmation unser eigenes bewusstes „Ja" sprechen, um uns dem Wind und manchmal dem Sturm Gottes auszusetzen.

7. Spr.: Gottes Geist weht, wo er will. Er treibt uns voran in seinen sieben Gaben. Natürlich gelingt das nur, wenn wir unser Rad in den Wind Gottes halten und nicht abdrehen.

8. Spr.: Da ist die Gabe der **Weisheit** Gottes. Es kommt nicht auf die Fülle des Wissens an, sondern auf die Weisheit, das zu leben, was mich vorwärts bringt.

9. Spr.: Die Gabe der **Einsicht** lässt mich alles mit den Augen des Herzens und des Glaubens sehen. Mit ihm kann ich auch Gott hinter allen Ereignissen erkennen.

10. Spr.: Die Gabe des **Rates** lässt mich zunächst guten Rat annehmen. Auch wenn ich nach außen nicht zeige, dass mir ein guter Rat gefallen hat, kann ich ihn, wo er gebraucht wird, weitergeben.

11. Spr.: Der Windstoß der **Erkenntnis** lässt mich zum Beispiel meine Grenzen erkennen und mich selbst so akzeptieren wie ich bin. Dann werde ich auch fähig, andere anzuerkennen.

12. Spr.: Die Gabe der **Stärke** hat etwas mit Zivilcourage zu tun: Mut haben, gegen den Strom zu schwimmen. Denn nur tote Fische schwimmen mit dem Strom und beugen sich dem Diktat der Mehrheiten.

13. Spr.: Die Gabe der **Frömmigkeit** lässt uns zunächst zusammenzucken; denn wer möchte schon als „fromm“ gelten? Doch gemeint ist: dankbar Gott begegnen; ihm vertrauen; ganz in seinem Rückenwind leben.

14. Spr.: Zuletzt die Gabe der **Gottesfurcht:** Ich beuge mich vor Gott nicht aus Angst, sondern denke staunend über seine unfassbare Liebe nach, die uns in der gesamten Schöpfung so wunderbar vor Augen steht.

15. Spr.: Diese sieben Windströmungen machen uns „firm“, im Geiste Jesu zu leben; wir wollen genügend Sturm für die Gemeinde oder den Alltag erzeugen. Aufgaben gibt es genug: als Lektorin oder Lektor, in einem Chor oder ... *(hier Entsprechendes einfügen).*

16. Spr.: Manchmal spüren wir nur das sanfte Säuseln des Geistes Gottes. Wir wollen hellhörig sein dafür, damit ein guter Geist zwischen uns herrscht.

(Ist das Windrad vollendet, können die letzten Sprecher es einmal gemeinsam anpusten, um es in Bewegung zu setzen.)

Gl.: Gottes Geist bewegt die Welt – auch durch uns.

Meditation

(bei der Firmfeier: eventuell während der Firmspendung. Hier dürfte vor allem eine musikalische Untermalung interessant sein – vielleicht auch ein pantomimischer Tanz)

wir haben im lexikon nachgeschaut
was windstärken sind und
wie sich die einzelnen windstärken
bemerkbar machen

1. Spr.: windstärke null ➤
rauch steigt ganz gerade empor

2. Spr.: alles schläft
nichts regt sich
als ob alle den geist ausgehaucht
oder aufgegeben hätten

1. Spr.: windstärke eins ➤
der rauch steigt nicht mehr
senkrecht hoch
etwas schräg

2. Spr.: es regt sich etwas neues in der gemeinde
einige in der gemeinde merken
dass der geist jesu sie bewegt
andere sagen ➤ etwas schräg!

1. Spr.: windstärke zwei ➤
ein leiser wind ist spürbar

2. Spr.: eine leichte gegenbewegung
ist vermerkt worden
in der gemeinde
es läuft nicht mehr alles glatt ab
es läuft nicht mehr wie immer

1. Spr.: windstärke drei ➤
schwache brise
blätter rauschen

2. Spr.: ja – leichte brise
leicht brisant
es raschelt im alten blätterwald
blätter blätter blätter
werden fragwürdig
man lacht über das rascheln von blättern
die man bisher für hoch und heilig hielt

1. Spr.: windstärke vier ➤
stärkere brise
staub wirbelt auf

2. Spr.: ja – es tut sich was
in der gemeinde wirbelt staub auf
das merken selbst die
die sonst gar nichts merken
man weiß nicht recht
woher der wind weht

1. Spr.: windstärke fünf ➤
zweige biegen sich

2. Spr.: ja – zweige biegen sich
die jung gebliebenen sind bereit
sich zu beugen
sich vom geist biegen zu lassen

1. Spr.: windstärke sechs ➤
pfeifen in den leitungen
in den telegraphenleitungen
starke äste in bewegung

2. Spr.: ja der geist gottes
in den langen leitungen ...
und selbst die dicken starken
wichtigen festen äste
bewegen sich
lassen sich bewegen

1. Spr.: windstärke sieben ➤
ganze bäume bewegen sich
man kommt beim gehen
nicht gegen den wind an

2. Spr.: ja der geist wird unwiderstehlich stark
dicke alte deutsche eichen
in der gemeinde
geraten aus der fassung
werden erschüttert
in ihrer unbeweglichkeit

1. Spr.: windstärke acht ➤
sturm
bäume werden mit den wurzeln
ausgerissen

2. Spr.: ja – die unbeweglichen
werden bewegt
sie werden mit gewalt
vom gottesgeist ausgerissen
aus ihrer sicherheit
wie lot
werden sie an den haaren herausgerissen
aus ihrer ungeistigen position
aus sodom und gomorrha

1. Spr.: windstärke neun ➤
dächer werden abgedeckt
fenster werden eingedrückt
türen aufgerissen

2. Spr.: so was war noch nie da!
jetzt ist es nicht mehr einzuhalten
die verwaltungen des geistes
haben die übersicht verloren
jetzt ist es nicht mehr zu steuern
es sieht aus wie eine katastrophe
so tobt der orkan
einige sagen
das ist der heilige geist
das musste so kommen
die katastrophe musste kommen!

1. Spr.: plötzlich verstehen sich alle
wie kommt das
alle stehen plötzlich unter freiem himmel
alle stehen im freien
alle schönen dächer sind fort
man ist obdachlos
aber frei
und jetzt verstehen sich alle
alle türen stehen offen
pfingsten
des jahres … – wer weiß wann!

(Wilhelm Willms, aus der luft gegriffen, S. 112, Verlag Butzon & Bercker, Kevelaer [4]1984)

Fürbitten

Siehe unter Nr. 9, Symbol „Windmühle“, S. 31f.

11. Die Wirkkraft des Geistes Gottes

Symbole für Gottes Geist

Vorbereitung

Für das Sprechspiel werden verschiedene Gegenstände benötigt: siehe Text. Dieser Gottesdienst ist für eine Firmfeier konzipiert. Konfirmanden können sich zum Text Alternativen ausdenken.

Lesungen: Joel 3,1-5: Wer auf den Herrn vertraut, wird gerettet;
Joh 20,19-22: Er hauchte sie an: Empfangt Heiligen Geist!

Sprechspiel

Gl.: Viele können mit dem Heiligen Geist wenig anfangen. Die Worte wie „der Ungeist in der Welt" oder „ein Geistesblitz" oder „Be-geist-erung" lassen die Richtung ahnen, in der nachgedacht werden muss. Einige Jugendliche tragen uns jetzt Gedanken vor, die uns die Augen öffnen können für das, was Gottes Heiliger Geist schenken kann und will. Ohne IHN liefe wenig Gutes in der Welt.

1. Spr.: *(bringt einen Glaskrug mit Wasser und eine Schale)*
Ich bringe **Wasser**. Ohne Wasser gibt es kein Leben *(gießt etwas Wasser in die Schale – nahe am Mikrofon!)* Menschen und Tiere müssen jeden Tag trinken. Auch Pflanzen vertrocknen schnell ohne Wasser. Deutlich wird es besonders in der Wüste, wo nur in den Oasen Leben möglich ist. – In der Taufe wurden wir mit dem Wasser des Heiligen Geistes getauft. Dadurch sind wir lebendige Mitglieder in der Kirche, die wachsen und reifen sollen. Damals wurden wir nicht gefragt. Heute können wir selbst „Ja" oder „Nein" dazu sagen. *(stellt sich vor den Altar)*

2. Spr.: *(bringt Chrisam)*
Hier ein Gefäß mit **Chrisam.** Mit diesem Öl wurden wir bei der Taufe gesalbt. (Heute werden wir bei der Firmung wieder mit diesem Öl gesalbt. Die Worte dabei lauten: „Sei besiegelt durch die Gabe Gottes, den Heiligen Geist.") – Dadurch empfangen wir Kraft, unseren Glauben öffentlich zu bekennen und in der Kirche mitzuarbeiten, zum Beispiel (beim Dienst am Altar als Ministrant oder) beim Vorbeten. *(stellt sich zum Halbkreis vor den Altar)*

3. Spr.: *(bringt eine brennende Kerze mit großem Docht)*
Ich bringe **Feuer.** Es wärmt und leuchtet. An einem Feuer kann man viele andere Feuer entzünden. So lassen auch wir uns vom Heiligen Geist anstecken und zu guten Taten begeistern. Dafür gibt es viele Möglichkeiten. Zum Beispiel alte und kranke Menschen besuchen; Ausländern freundlich begegnen; für die Kinderkrebshilfe oder die Mission sammeln ... (Beispiel aus der eigenen Kirchengemeinde einfügen.) *(stellt sich zum Halbkreis vor den Altar)*

4. Spr.: *(bringt ein Windrad)*
Hier ein **Windrad**. Dieses Kinderspielzeug funktioniert nur, wenn ein guter Wind weht *(blasen und Windrad in Bewegung setzen)*. Wind bringt frische Luft und hat Antriebskraft. Er kann nicht nur Segelboote und Surfer vorantreiben, sondern auch große Windmühlenräder für die Stromerzeugung bewegen. – Ähnlich wirkt der Heilige Geist manchmal in der

Kirche wie ein frischer Wind – wenn nicht Fenster und Türen geschlossen werden. Fortschritte sind aber unverkennbar: Laien begleiten Eltern zur Taufe ihres Kindes, unterrichten Kommunionkinder und bereiten Firmlinge vor. *(stellt sich zum Halbkreis vor den Altar)*

5. Spr.: *(bringt einen Salzstreuer)*
Ich bringe **Salz.** Ohne Salz schmeckt alles fad. Was wären Pommes ohne Salz? Mit Salz kann man aber auch Nahrungsmittel, zum Beispiel Salzheringe, haltbar machen oder Glatteis zum Schmelzen bringen. – Wir bringen als Christen Würze und Geschmack in unsere Gemeinschaft und in die Gesellschaft! Wir können helfen, die tödliche Kälte zwischen Menschen aufzutauen. *(stellt sich zum Halbkreis vor den Altar)*

6. Spr.: *(bringt einen Magnet und Nadeln oder Büroklammern)*
Das ist ein **Magnet.** Selbst in diesem kleinen Magnet steckt große Anziehungskraft. Im Nu kann ich damit Büroklammern und Nadeln auflesen *(hier wird der Magnet über Büroklammern oder Nadeln geführt).* Die Anziehungskraft wird von Nadel zu Nadel weitergegeben. – Auch der Heilige Geist ist wie ein Magnet. Durch ihn werden wir zum Guten hingezogen und mit seiner Hilfe können wir andere magnetisieren, mitziehen und begeistern. *(stellt sich zum Halbkreis vor den Altar)*

7. Spr.: *(zeigt eine gebastelte Tür, die sich öffnen lässt)*
Ihr seht hier eine **Tür.** Sie ist geschlossen. Aber sie sollte offen sein *(Tür öffnen)*, damit Gastfreundschaft möglich wird: für Andersdenkende, Andersgläubige, auch für Menschen mit anderer Hautfarbe, besonders für alle, die in Not sind. Gottes Geist macht uns bereit, offen zu sein für alle Menschen. Nicht nur davon zu reden, sondern auch in Aktionen spürbar zu helfen. *(stellt sich zum Halbkreis vor den Altar)*

(Rosemarie Köster, Familienmesskreis St. Pankratius, Bergheim/Erft)

Gl.: Auf diesen Geist könnt ihr euch an dieser Wende eures Lebens einlassen. Er hilft auch, die Menschen, denen ihr begegnet, ein wenig glücklicher zurückzulassen, als ihr sie angetroffen habt.

Fürbitten

Gl.: Wir rufen zu dem, der im Dornbusch zu Mose gesagt hat, dass er für uns da ist:

1. Lass deinen Heiligen Geist für diese Welt wie ein Sauerteig sein, der alles durchdringt und zu neuem Leben erweckt. Und lass uns dabei helfen.

Liedruf: Einer hat uns angesteckt … (Refrain aus „Troubadour“ 116; neu 8.)

2. Belebe die christlichen Kirchen und besonders unsere Kirche in N.N. mit dem Geist des Pfingstfestes, der alle verschlossenen Türen aufreißt. – *Liedruf*

3. Schenke uns Jugendlichen die Bereitschaft, mit dem Geist Gottes im Rücken, unser Umfeld in Familie, Schule und am Arbeitsplatz ein wenig friedlicher und freudvoller zu gestalten. – *Liedruf*

4. Gib uns offene Augen und ein fantasievolles Herz für vom Leben benachteiligte Menschen, die uns auf unserem Lebensweg begegnen. – *Liedruf*

Gl.: Dann ehren wir dich, den wahren Herrn der Welt, der mit dem Sohn und dem Heiligen Geist lebt und liebt in Ewigkeit.

Meditation

1. Spr.: Alles war voll Angst verschlossen.
Da riss der Windstoß des Heiligen Geistes alle Türen auf.

2. Spr.: Plötzlich kann Licht die Türen öffnen.
Eine Sprengkraft die Fesseln der Angst zerreißen.
Ein frischer Wind steht uns ins Gesicht.

3. Spr.: Es erhellen sich niedergeschlagene Gedanken.
Freude kämpft die Traurigkeit nieder.
Ein Lachen kehrt alles um.

4. Spr.: Gegner gehen wieder aufeinander zu.
Gedanken stimmen wieder überein.
Ein Lied sorgt für den Gleichklang der Seelen.

5. Spr.: Erfülltes Schweigen beruhigt.
Stille lässt zur Mitte finden.
Und aus der Seele, die gestern noch untröstlich war,
steigt ein neuer Gesang.

(Frei nach Maria Noël)

Gl.: Ja, komm Heiliger Geist und erneuere – auch durch uns – deine Erde.

12. Wie ein Ton im Lied Christi

Gleichnis Musik

Hinweis: Empfehlenswert, wenn viele Firmlinge/Konfirmanden ein gutes Verhältnis zur Musik haben.

Vorbereitungen

Zunächst wählt die Gruppe ein Heilig-Geist-Lied aus, zum Beispiel „Die Sache Jesu braucht Begeisterte“ („Troubadour“ 366; neu 65) oder „Dein Geist weht, wo er will“ („Troubadour“ 493; neu 82) oder „Komm, Schöpfer Geist“ (GL 245, EG 126). Die Töne werden übergroß auf Notenpapier gemalt, die Fotos der Firmlinge/Konfirmanden in je eine Note geklebt. Je nach Anzahl der Firmlinge oder Konfirmanden also auch die Anzahl der Noten des Liedes auswählen.

Ablauf

Nach der Begrüßung tragen die Firmlinge/Konfirmanden ihr Foto nach vorne und heften es jeweils in eine Note als Zeichen ihrer Bereitschaft, sich in den Dienst Jesu nehmen zu lassen, in der Öffentlichkeit „für ihn zu singen“, seine Gute Nachricht weiterzusagen.

Lesung: Gal 5,22-26: An den guten Früchten, an der guten Melodie, die von christlichen Jugendlichen ausgeht, ist der Geist Gottes zu erkennen. *(Dabei werden die aufgezählten Begriffe von Gal 5,22f. in Noten geheftet.)*

Evangelium: Lk 12,49-53: Jesus will, dass sein Feuer brennt und die Menschen sich für sein Lied entscheiden.

Musikstück

Gl.: Jeder Ton ist wichtig, wenn das Lied Jesu erklingen soll. Jeder soll sich einbringen im Lied der Gemeinde! Aber jeder darf sich auch ein gewisses Dirigieren durch Leiter und Leiterinnen in der Kirche gefallen lassen. Jeder muss sich an die Länge der angezeigten Note halten, jeder muss gleichzeitig mit den anderen beginnen: sich also immer ein wenig ein- und unterordnen, alle müssen sich ausrichten und aufeinander hören, damit Harmonie möglich wird. Wir möchten das jetzt einmal mit einer Musikgruppe demonstrieren:
– Jede/r stellt einmal kurz sein/ihr Instrument mit einem Ton vor.
– Die Instrumente jetzt bitte aufeinander abstimmen.
– Und nun kommt der gemeinsame Einsatz mit einem genauen Anfang.
(Zunächst darf auch gezeigt werden, wie „schlimm“ es sich anhört, wenn alle drauflos spielen. Danach singen alle Firmlinge/Konfirmanden „ihr“ Lied, in dem sie die Noten sind. – Wem das ganze Bild zu dirigistisch erscheint, der findet eine Alternative in der Kurzgeschichte „Bauleute des Reiches Gottes“, Seite 73.)

Kurzgeschichte

(kann auch von mehreren Sprechern vorgetragen werden).

Einleitung: Wir hören, wie Musik Menschen zusammenbringen kann. Sicherlich saß Gottes guter Geist in jeder Note. –
„Siehst du, wenn du nicht so getrödelt hättest, wäre uns der Zug nicht vor der Na-

se weggefahren!", ruft die Mutter böse. „Immer dasselbe! Du kannst ja nie pünktlich sein!" Der Vater geht ohne ein Wort zur Theke und lässt sich einen Korn einschenken.
„Nun sitzen wir bei all den Ausländern zwei Stunden hier im Wartesaal herum und frieren und öden uns an!" Die Mutter sieht sich wütend um. Tatsächlich sitzen fast nur Spanier, Griechen und Türken auf den harten Bänken. Sie haben wohl Spätschicht gehabt und warten auf den letzten Zug. Ingrid sitzt zusammengeduckt und ängstlich da. Wenn die Eltern sich bloß nicht wieder zanken vor all den Fremden!
Da holt auf einmal ein Spanier seine Gitarre heraus und klimpert ein paar Akkorde. Ein anderer stampft ein paarmal mit dem Fuß auf, wagt einige zögernde Schritte und beginnt dann in schnellem Rhythmus zu tanzen, während der andere mit harter, kehliger Stimme dazu singt.
Die anderen klatschen den Rhythmus mit. Der Tanz ist so mitreißend, dass alle Gespräche verstummen. Sogar der Vater hat sein Glas stehen lassen und kommt langsam näher.
Immer wieder werden Tänzer und Spieler angefeuert. Als sie erschöpft innehalten, stehen einige Griechen auf, fassen sich an den Schultern und fangen an, nach ihren griechischen Liedern zu tanzen, zuerst langsam und dann immer schneller.
„Mas! Mas!", schreien die Spanier. „Mehr, mehr!", rufen die wenigen Deutschen. Mutter ruft auch laut mit. Vater ist dicht hinter Mutter getreten. „Ist das nicht großartig!", sagt er bewundernd. „Besser als im Fernsehen!", antwortet Mutter ihm lachend. „Ich friere gar nicht mehr!"

(Barbara Cratzius, Kinder im Kirchenjahr, Brunnen-Verlag, Gießen [9]1999, S. 138f. [vergr.])

Predigt

Fürbitten

Gl.: Jesus hat die gute Nachricht von Gottes Barmherzigkeit allen Menschen zugesagt. Diese Botschaft ist wie Musik in unseren Ohren. Wir bitten dich:

1. Gib den Mächtigen in Staat und Kirche die Bereitschaft, auf die schönen und klagenden Töne in der Welt zu hören und sie in Einklang zu bringen. – Und lass uns dabei helfen! – *Liedruf*

2. Lass unsere Gottesdienste besonders durch Musik und Gesang ansteckend wirken, damit wir dich aus frohem Herzen loben und dir aus tiefstem Herzen danken. – Und lass uns dabei helfen! – *Liedruf*

3. Verhilf besonders christlichen Gemeinschaften wieder zur Freude an Musik und Gesang, wenn falsche Töne und Missklänge das Miteinander gestört haben. – Und lass uns dabei helfen! – *Liedruf*

4. Schenke uns in Ehen und Familien den richtigen Tonfall im Gespräch miteinander, damit das Aufeinander-Hören leichter fällt. – Und lass uns dabei helfen! – *Liedruf*

5. Schenke allen neuen Mut, denen nicht mehr zum Singen zumute ist. Stelle Menschen an ihre Seite, die ihnen beistehen, das Vertrauen zu Gott und den Menschen wieder zu entdecken. – Und lass uns dabei helfen! – *Liedruf*

Gl.: Dann ehren wir dich, Vater im Himmel, durch deinen Sohn im Heiligen Geiste.

Meditation

Siehe Anhang IV., Seite 153f.

13. Brücken bauen aus Türmen der Angst

Symbol Brücke (skizziert)

Vorbereitungen

Ein Turm aus Obstkisten oder Schuhkartons wird gebaut. Wenn er bei der Lesung vom Turmbau zu Babel zerstört wird, baut eine Gruppe daraus eine Brücke.

Alternative: Es kann auch eine Mauer aus Steinen (= Kartons), Symbolen unserer Angst, aufgebaut werden; vielleicht stehen diese Ängste und die Auswirkungen dieser Ängste groß darauf geschrieben: lieblos, gleichgültig, unzufrieden, rücksichtslos, trotzig, verlogen, streitsüchtig ... Auf der Rückseite der „Steine" stehen die positiven Eigenschaften, die später in der Brücke zu sehen sind: anerkennen, vertrauensvoll sein, verzeihen, loben, helfen, zuhören, einladen, Kontakt suchen, teilen, Mut machen, Geister unterscheiden ... An einer Stelle im Gottesdienst wird es heißen: „Reißt die Mauer ein!"

Bausteine für den Gottesdienst

Der Turm sollte vorher schon so hoch gebaut worden sein, dass er fast schwankt. Während der **1. Lesung** (Gen 11,1-9: Turmbau zu Babel) bauen zwei Firmlinge/Konfirmanden weiter am Turm, aber bei Vers 7: „... sodass keiner mehr die Sprache des anderen versteht ..." streiten sich die beiden pantomimisch darüber, wie weitergebaut werden soll, bis einer voller Wut das Bauwerk umstößt.

Meditation

Wir haben unsere Türme bis in den Himmel gebaut (= Wachstumsrate, Karriere ...) oft ohne Rücksicht auf die Natur. Die rabbinische Überlieferung kommentiert bei dieser Erzählung: Fiel beim Turmbau ein Mensch herunter und kam dabei um, haben sie nicht auf ihn geachtet. Fiel jedoch ein Ziegelstein herunter, so setzten sie sich nieder, weinten und sagten: „Weh uns, wann wird ein anderer Stein an seiner Stelle nach oben kommen!" Eine Stadt ohne Gott wird leicht zur Stadt ohne Menschlichkeit! Menschenverachtendes breitet sich aus, bis ein Mensch schließlich weniger gilt als ein brauchbarer Stein.

Die **2. Lesung** zeigt, wie die Menschen wieder einander verstehen: Apg 2,1-13 (das Pfingstereignis). Währenddessen oder im Anschluss daran wird aus den Bausteinen eine Brücke gebaut.
Alternativen: Jesaja 11,1-11: Der „Geist Gottes" wird aufgezählt in den sieben Gaben (= sieben Grundpfeiler der Brücke): Weisheit, Einsicht, Rat, Stärke, Erkenntnis, Gottesfurcht [Frömmigkeit]. Auf diese Grundpfeiler werden dann ein paar Steine der Brücke mit Namen bezeichnet: Anerkennen, verzeihen ... (wie oben unter Alternative). Gal 5,22: Die Aufzählung der Früchte des Geistes Gottes: Liebe, Freude, Friede, Langmut, Freundlichkeit, Güte, Treue, Sanftmut und Selbstbeherrschung.

Evangelien: Joh 14,15-21: Jesus schickt einen Beistand, der immer bei uns bleibt;
alternativ oder zusätzlich:
Joh 15,26-27 oder Lk 4,16-21: Der Geist Gottes ruht auf Jesus.

Die **Kollekte** sollte für ein Projekt aus der Umgebung, das „Brücken bauen" sichtbar macht, abgehalten werden.

Fürbitten

Siehe Anhang III., Seite 148f.

Meditation

Siehe Anhang IV., Seite 154f.: 1.6, 1.11 oder 1.13.

14. Unsichtbare Mauern überwinden

Symbol Mauer

Vorbereitungen

1. Im Altarraum kann eine größere Mauer aus Ytong-Steinen gebaut sein, die während des ersten Teils der Geschichte noch weiter aufgebaut und in der zweiten Hälfte („da schmolz das Herz des Riesen“) teilweise umgestoßen werden kann, damit ein Spalt zum Durchschlüpfen entsteht.
2. Jeder erhält einen kleinen „Stein“ aus Holz als Andenken. Er hat doppelte Bedeutung: Ich kann falsche Mauern abbauen und schützende aufbauen.

Lesungen: Eph 2,11-22: Jesus riss durch sein Sterben die trennende Wand der Feindschaft zwischen Juden und Heiden nieder;
Lk 9,51-56: Nur der Geist der Versöhnung bringt weiter (die ungastlichen Samaritaner).

Kurzgeschichte vom selbstsüchtigen Riesen

1. Spr.: Wir hören ein modernes Märchen, in dem eine Mauer eine Rolle spielt:

2. Spr.: Nach der Schule spielten die Kinder oft und gerne im Garten des Riesen. Es war ein großer Garten mit wunderschönen Blumen und Bäumen und weichem Rasen. Und wenn die Kinder im Spiel innehielten, um dem Gesang der Vögel zu lauschen, dann riefen sie: „Wie glücklich sind wir hier!“

1. Spr.: Eines Tages kehrte der Riese von einer langen Reise zurück. Als er die Kinder im Garten spielen sah, schrie er zornig: „Was tut ihr in meinem Garten?“ Er baute eine hohe Mauer ringsum und stellte das Schild auf: Betreten bei Strafe verboten!

2. Spr.: Jetzt wussten die Kinder keinen Platz mehr, wo sie spielen konnten, denn die Straße war zu gefährlich. Sie wanderten jeden Nachmittag um die hohe Mauer und sagten: „Wie glücklich waren wir in dem schönen Garten!“

1. Spr.: Der Frühling kam. Überall im Lande blühten die Blumen und sangen die Vögel – nur im Garten des Riesen war immer noch Winter. Schnee bedeckte den Rasen, der Frost übermalte alle Bäume mit Silber und der Nordwind heulte den ganzen Tag durch den Garten. Der Riese schaute in seinen eisigen Garten und schüttelte den Kopf: „Ich verstehe wirklich nicht, warum der Frühling so lange ausbleibt.“ Aber es kam kein Frühling, kein Sommer und der Herbst schenkte dem Garten keine saftigen Früchte.

2. Spr.: Eines Morgens – der Riese lag noch im Bett – hörte er eine liebliche Vogelstimme. Und weil er so lange Zeit keinen Vogel mehr in seinem Garten singen gehört hatte, erschien sie ihm als die schönste Musik der Welt. Er sprang aus dem Bett und rief: „Ich glaube, endlich ist der Frühling gekommen!“, und was sah er?

1. Spr.: Er sah etwas wunderbar Schönes. Durch einen kleinen Spalt in der Mauer waren die Kinder hereingekrochen und saßen in den Ästen der Bäume. Die Bäume waren so glücklich darüber, die Kinder wiederzuhaben, dass sie über und über mit Blüten bedeckt waren. Vögel flogen umher und zwitscherten fröhlich und Blumen lachten aus dem grünen Rasen.

2. Spr.: Da schmolz das Herz des Riesen. Er holte eine starke Brechstange und brach die Mauer nieder. Von nun an spielte er jeden Tag mit den Kindern in seinem schönen Garten.

1. Spr.: Jahre vergingen. Der Riese wurde alt und schwach. Er beobachtete die Kinder beim Spiel von seinem riesigen Lehnstuhl aus. Dann sagte er manchmal: „Ich habe viele schöne Blumen in meinem Garten. Aber die Kinder sind die schönsten von allen."

(stark verkürzt nach Oscar Wilde, Märchen und Erzählungen, Verlage Artemis + Winkler, München o.J., S. 58; wobei der christologische Akzent ausgelassen wurde)

Predigt

Wir sehen hier vorne die Mauer mit dem Durchbruch. Viele Menschen mussten an der Mauer zwischen Deutschen und Deutschen sterben, bevor in der Nacht zum 9. November 1989 der Durchbruch gelang, der ein Gefängnistor in Europa aufsperrte.
Aber so viele unsichtbare Mauern stehen noch fest, ja massiv: Die Mauer des Wohlstandes, die unsere Seele verhungern lassen kann. Die Mauer der Vorurteile, die Menschen unerwünscht sein lässt – und das ist ungefähr das Schlimmste, was einem widerfahren kann. Zwischen den Orten und innerhalb von Kirchengemeinden gibt es Mauern *(aufs Lokalkolorit kurz eingehen!)*, auch zwischen Jung und Alt. Irgendwo ist jeder von uns ein Riese, der frei entscheiden kann, ob er Mauern auf- oder abbauen will (zwischen Geschwistern, zur Nachbarschaft, zur Kirche ...).
Wer sich auf den Geist und die Gesinnung Jesu einlassen will, kann selbstgezimmerten Gefängnissen entfliehen: Jesus stellte die Liebe über den Sabbat, das Herz über das Gesetz; er zeigte den Jüngern im Evangelium, wie mit fundamentalistischen Religionseiferern umgegangen werden kann (= die Samariter hatten ein eigenes Heiligtum errichtet und erkannten den Tempel in Jerusalem nicht an); er holte zum Beispiel die Sünderin und den Zöllner Zachäus aus ihrer Isolation. Endlich schlug er sogar eine Bresche in die Mauer des Todes und erlaubt hier auch uns ein Durchschlüpfen, wenn es einmal so weit ist.
Ihr selbst habt schon Mauern abgetragen *(jetzt können Jugendliche über Aktionen berichten)*. Hier zeigt sich der Geist Gottes. Dafür danke ich euch! Ich lade euch im Namen der ganzen Gemeinde ein, eure Begabungen und Ansichten einzubringen. Helft mit, schützende Mauern der Hilfsbereitschaft und Solidarität zu bauen. Betrachtet den Stein, den alle nachher als Andenken bekommen, als einen aus einer Mauer herausgebrochenen Stein, mit dem jetzt Positives gebaut werden kann.

Fürbitten

Gl.: Herr, unser Gott. Dein Sohn zerbrach alle trennenden Mauern und Vorurteile, sogar die Mauer des Todes. Wir rufen zu dir:

1. Hilf der Kirche, die Trennwand ihrer konservativen Einstellung und ihres Gehorsamsdenkens abzubauen und die Mauern auf dem Weg zur Ökumene Stein für Stein abzutragen. – *Liedruf*

2. Lass Übersiedler, Flüchtlinge und Asylbewerber ohne innere Vorbehalte aufgenommen werden, damit sie eine neue Heimat finden. – *Liedruf*

3. Gib unserer Gemeinde den Mut, die unsichtbaren Schranken zwischen unseren Stadtteilen und Kirchengemeinden zu beseitigen, um in guter Gemeinschaft und gegenseitigem Vertrauen zusammenzuleben. – *Liedruf*

4. Hilf uns, die Scheidewand zwischen uns und den Einsamen wie auch den Unverstandenen durch Zuhören und Verstehen niederzureißen. – *Liedruf*

5. Schenke diesen jungen Menschen Mut und Bereitschaft, am Reiche Gottes, an Gerechtigkeit und Frieden mitzubauen. – *Liedruf*

Gl.: Denn, Herr, du willst, dass wir nicht immer Gewinner auf Kosten der anderen sind, damit alle Menschen aufatmen können. Darum bitten wir dich durch Christus, unseren Herrn.

Meditation

1. Spr.: Herr, wir wollen uns die Hände reichen
über die Mauern unserer Vorurteile hinweg –
und nehmen den anderen zuerst einmal an, wie er ist.

2. Spr.: Herr, wir lockern Steine in uns,
rütteln an dem, was verhärtet ist,
und versuchen den ersten Schritt.
Herr, wir durchlöchern unsere Mauer,
bauen Ängste und Sorgen ab
und laden zu uns ein.

3. Spr.: Herr, wir überwinden Mauern,
lassen sie langsam hinter uns,
rechnen nicht auf und tragen nichts nach.

4. Spr.: Herr, unsere Mauern müssen durchlässiger werden –
versehen mit vielen Toren.
Und im Vertrauen auf dich öffnen wir sie!

(Nach Familienmesskreis St. Pankratius, Bergheim-Paffendorf)

15. Ein Herz und eine Seele?

Symbol Wagenrad (Bildbetrachtung)

Vorbereitungen

1. Das abgebildete Motiv ist als Kunstkarte Nr. 1142, Westfälischer Meister, „Pfingsten“ erhältlich beim Emil Fink-Verlag, Siemensstr. 52, 70469 Stuttgart, Tel. 07 11/81 4 6 46, Fax 07 11/8 10 60 70.
   Als Dia ist das Motiv erhältlich in der Serie „Impulse zur Besinnung“, Impuls-Studio München, Dia Nr. 28 oder in: Ralph Sauer, Handbuch zum Lektionar für Gottesdienste mit Kindern, Bd. 2, Kösel/Patmos 85, Dia Nr. 4. Beides bei überörtlichen Verleihstellen erfragen.

2. Eventuell basteln die Jugendlichen für jede/n Besucher/in ein kleines Wagenrad (zum Beispiel ein Gestell mit Bast umwickeln) zur Erinnerung.

3. Eventuell für den Entlassgruß ein altes Wagenrad, das vor dem Altar steht.

Lesungen: Apg 4,32-37: Sie waren ein Herz und eine Seele.
Joh 17,21-26: Alle sollen eins sein – wie wir eins sind.

Bildbetrachtung

Das Bild zeigt die zwölf Jünger (also mit dem nachgewählten Apostel Matthias) und Maria (mit Schleier) rund um einen Tisch sitzend. Durch die freie Mitte oben stößt eine Taube hinab, der Heilige Geist, mit einer Hostie, die auch in der Mitte des Tisches zu sehen ist: Jesus ist in der Gestalt des Brotes mitten unter ihnen, aber

auch in jedem in diesem Kreis, weil rote Linien des Geistes Gottes oder der Liebe alle miteinander verbinden. Gemeinschaft untereinander ist also nur möglich, wenn ich mich für Jesus und die anderen öffne. Darum zeigt der Friedensgruß vor dem Empfang der Kommunion/des Abendmahls diese Öffnung zum Wesentlichen an. Eigentlich sitzen da dreizehn „Kumpel". Leider ist dieses Wort „Kumpel" und noch mehr das Wort „Kumpan" in seiner Bedeutung etwas ins Negative gerutscht. Ursprünglich meint „Kumpan": einer, der mit mir zusammen sein Brot teilt und isst. Kumpane wissen ja genau, dass ein Coup besser gelingt, wenn sie zusammenhalten; sie sind aufeinander angewiesen.
Jedenfalls sehen wir auf dem Bild: Die Freunde Jesu gehen nicht auf Sicherheitsabstand, sie beten miteinander (= gefaltete Hände) und feiern zusammen Eucharistie. Jesus und sein Geist ist dabei gewissermaßen der „rote Faden", der ihr Miteinander steuert. Die Gesichter sind einander zugewandt, alle schauen sich offen in die Augen, die Hände berühren sich. Diese Zuwendung wäre auch eine bessere Sitzordnung hier in der Kirche: in kleinen Gruppen, zum Altar hin offen, damit spürbarer wird, dass auch wir auf dem Weg sein möchten, ein Herz und eine Seele zu werden. Dann erst bricht der Heilige Geist wie im Sturzflug über uns herein. Dann können wir die Gute Nachricht weiterrollen wie ein Wagenrad. Das sehen wir auch auf dem Bild: Der Tisch ist wie ein Wagenrad! Christus ist die Nabe, die roten Speichen sind die Jünger und Maria, die in der Felge wie in einer Gemeinschaft ohne Lücken enden. Die Harmonie spiegelt sich im runden Sitzkreis und der Farbkomposition. Und wir? Wir treten in Gedanken hinter die Apostel und Maria in einen großen, sehr großen Kreis und auf jeden fällt ein Strahl aus der heiligen Mitte und lässt uns spüren, dass auch wir zu Jesus und der Gemeinschaft der Gläubigen gehören, wenn wir uns dafür öffnen.

(Zum Teil nach Peter Frowein, Meckenheim)

Fürbitten

Siehe Anhang III., Seite 148f.

Friedensgruß

Wir lassen unsere Hände zu roten Linien der Liebe und des Vertrauens zueinander werden und verbinden uns untereinander. In Christus ist der Altar die Nabe, wir sind die Speichen und jetzt spüren wir in der Menschenkette die Gemeinschaft, die Felge, die belastbar wird, wenn alle mitmachen!
Der Friede des Herrn sei allezeit mit euch!

Meditation

Siehe Anhang IV., Seite 154f.: 1.6 und 1.12 oder 1.13.

Zum Entlassgruß können Jugendliche ein Wagenrad durch den Mittelgang rollen, um zu dokumentieren, dass die Botschaft jetzt „weiterrollen" muss und jede/r von uns dabei gefragt ist.

16. Wir sind unterwegs

Symbol Weg (Labyrinth, Spirale, Irrgarten, Mandala)

Bei dem Symbol „Weg" bietet sich der Einsatz folgender Kurzgeschichte an:

Zieh doch die Schuhe an!

Am frühen Morgen kam ich in einer großen Stadt an. Es war kalt und ein leichter Schnee lag um den Bahnhof. Etwas Befremdendes fiel mir sofort auf: Alle Leute am Bahnhof waren warm angezogen – schwere Mäntel und dicke Handschuhe –, aber Schuhe trugen sie nicht. Merkwürdig, dachte ich, erkundigte mich nach meinem Hotel und stieg in die Straßenbahn.
Da sah ich es wieder: niemand trug Schuhe. Auch im Hotel der Portier und der Liftboy – beide barfuß! Nun wurde ich neugierig und fragte: „Warum trägt niemand in dieser Stadt Schuhe?"
„Ach ja", sagte der Hotelier, „warum eigentlich nicht? Das frage ich mich auch."
„Glaubt ihr denn nicht an Schuhe?", fragte ich.
„An Schuhe glauben!", antwortete er leicht verärgert. „Selbstverständlich glauben wir an Schuhe. Das ist der erste Artikel unseres Glaubensbekenntnisses. Ich glaube an Schuhe, heißt es. Und jedes Kind lernt es auswendig und weiß, dass Schuhe unentbehrlich sind! Ohne Schuhe kommt niemand aus; die Füße werden erfrieren, sie werden verletzt. Ohne Schuhe wäre das Leben unerträglich."
„Warum tragen Sie dann aber keine Schuhe?", fragte ich ganz verwirrt.
„Ach", sagte er etwas wehmütig, „das ist es eben – warum eigentlich nicht?"
Später, beim Essen, lernte ich einen Mann kennen, der mir anbot, eine kleine Stadtführung zu machen, was ich dankbar annahm. Wir traten zusammen aus dem Hotel. Gegenüber lag ein riesengroßes Backsteingebäude. Er zeigte stolz darauf und sagte: „Das ist eines unserer schönsten und berühmtesten Schuhhäuser."
„Ach", sagte ich, „werden da Schuhe gemacht?"
„Ja – das heißt eigentlich nein", sagte er etwas verlegen. „Der Leiter ist ein sehr begabter Schuhanpreiser. Jede Woche redet er über Schuhe und warum man sie tragen soll. Neulich soll er einen so ausgezeichneten Vortrag über Schuhe gehalten haben, dass die Leute zu Tränen gerührt waren. Es war ergreifend!"
Gerade in diesem Augenblick bogen wir in eine kleine Gasse ein und ich sah im Keller einen alten Mann, der Schuhe machte. Ich entschuldigte mich einen Moment, lief in den Laden und fragte den Inhaber, wie das komme, dass niemand

Schuhe bei ihm kaufe. „Niemand hier möchte Schuhe tragen“, sagte er. „Sie reden nur davon.“ Ich kaufte schnell etliche Paare und ging wieder hinaus zu meinem Begleiter.
„Hier“, sagte ich, „haben Sie Schuhe. Ziehen Sie die gleich an! Sie werden nie wieder ohne sie gehen wollen!“
Er schaute mich ziemlich entsetzt an. „Danke schön“, sagte er. „Vielen Dank, aber Sie verstehen uns nicht. Wissen Sie: das tut man hier eben nicht.“
„Aber warum nicht?“, schrie ich. „Warum um Himmels willen nicht?“
„Ach“, antwortete er mit dem gleichen verlegenen Lächeln wie vorher, „ach ja, warum? Das ist es eben – warum tun wir es nicht?“

(aus ZGP 1 (1983), S. 35, übers. v. W. Graffam,
leicht gekürzt, geändert. Titel für: Warum eigentlich nicht?)

Unser Glaube hält diese Schuhe bereit!

16a Weg–Symbol „Labyrinth“

Mit einem guten Freund an der Seite ist kein Weg zu weit.

Vorbemerkung

Wir unterscheiden das *Labyrinth*, in dem ich nur weitergehen muss, um zur Mitte zu kommen – wie das in der Kathedrale von Chartres, auf Kreta oder ein modernes von dem Maler Friedensreich Hundertwasser –, den *Irrgarten*, in dem ich den „roten Faden“ brauche, um wieder herauszufinden, und das *Mandala* mit seiner eigenen Gesetzlichkeit (siehe unten oder übernächsten Vorschlag).

Vorbereitungen

1. Wer den Kirchenraum betritt, trifft im Eingangsbereich auf Ausstellungswände (bei Geldinstituten eventuell ausleihen), die nur einen schmalen Weg freigeben. Auf den Stellwänden stehen Sprüche, die daran erinnern, dass wir im Leben unterwegs sind. Hier eine kleine Auswahl:

- Die Welt ist nur eine Brücke. Gehe darüber, aber baue nicht dein Haus darauf. *(aus Indien)*
- Auch der längste Weg beginnt mit dem ersten Schritt. *(aus China)*
- Ein Leben ohne Feste ist wie eine weite Reise ohne Gasthaus. *(Demokrit)*
- Je weniger Gepäck wir haben, desto leichter wandern wir. *(Luise Rinser)*
- Ich lebe mein Leben in wachsenden Ringen, die sich über die Dinge ziehn. Ich werde den letzten vielleicht nicht vollbringen, aber versuchen will ich ihn. *(Rainer Maria Rilke)*
- Wer jeden Schritt vorher lange überlegt, bringt sein ganzes Leben auf einem Bein zu. *(aus China)*
- Aus den Steinen, die uns in den Weg gelegt werden, kann man Schönes bauen. *(Goethe)*
- Wenn du einen Weg ohne Hindernis findest, führt er wahrscheinlich nirgendwo hin.
- Humor und Geduld sind Kamele, mit denen ich durch jede Wüste komme.
- Es gibt Berge, über die man hinüber muss, sonst geht der Weg nicht weiter.
- Es gibt keinen Frieden, wenn nicht der Weg schon Friede ist. *(Martin Luther King)*
- Fürchte dich nicht, langsam zu gehen; fürchte dich nur, stehen zu bleiben. *(aus China)*
- Die wichtigste Stunde ist immer die Gegenwart; der bedeutendste Mensch immer der, der dir gerade gegenübersteht und das notwendigste Werk ist immer die Liebe. *(Meister Eckhart)*
- Vertrauen ist wie eine Oase im Herzen, die von der Karawane des Denkens nie erreicht wird. *(Khalil Gibran)*
- Was morgen ist, auch wenn es Sorge ist, ich sage: JA! *(Wolfgang Borchert)*
- Enttäuschungen auf dem Weg sollte man verbrennen, nicht einbalsamieren. *(Mark Twain)*
- Nur wer bereit zu Aufbruch ist und Reise, mag lähmender Gewöhnung sich entraffen. *(Hermann Hesse)*

- Und natürlich der Titelsatz:
  Keine Straße wird zu lang mit einem guten Freund an der Seite. (Hierauf zielt im Gottesdienst die Aussage: Jesus hat diesen guten Beistand im Heiligen Geist versprochen. Er selbst ist darin an unserer Seite. So wird der Weg auch schon zum Ziel.)

2. Vor dem Altar kann ein kleines Labyrinth gelegt sein; es kann auch eine Spirale aus einem dicken Seil sein, in deren Mitte die Osterkerze brennt. Neben dem Altar kann eine große Stellwand stehen, die das Labyrinth von Chartres zeigt; in dessen Mitte ein Christusbild oder Christuskopf. Außen herum haften die Fotos der Firmlinge/Konfirmanden – vielleicht in Feuerflammen oder kleinen Sonnen.

Meditation zum Labyrinth von Chartres

(währenddessen geht ein Firmling/Konfirmand mit einem Zeigestock den Weg durchs Labyrinth ab. Er/sie sollte an der Mitte ankommen, wenn die Meditation beendet ist.)

Dieses Labyrinth befindet sich in der Kathedrale von Chartres in Frankreich. Es misst zwölf Meter im Durchmesser. Der gesamte Weg bis zur Mitte beträgt in Wirklichkeit 240 Meter. Im Mittelalter rutschten die Leute dieses Labyrinth auf ihren Knien ab. Dabei dachten sie nach über ihren eigenen Lebens- und Leidensweg. – Unser Leben ist ja auch wie ein Labyrinth. Es ist wichtig, die „Mitte" in unserem Leben zu finden. Natürlich möchten wir gerne sofort die Mitte erreichen oder wünschen uns, dass es bei der Suche immer schön geradeaus geht. Doch plötzlich biegt der Weg unvorhergesehen ab, führt vor eine Mauer oder ein Hindernis und ich muss neu suchen. Manchmal ist ein Stück Weg besonders lang und beschwerlich. Wer ihn ungeduldig zurücklegt, macht es sich nur noch schwerer.
Der verschlungene Weg führt manchmal ganz weit außen herum – in vielen Windungen und Wendungen. Oft entferne ich mich von der Mitte und komme doch näher zu ihr hin. Manchmal meine ich, in eine Sackgasse zu geraten, aber der Weg geht weiter. So ist es auch im Leben. Selten führt der Weg direkt zum Ziel; wir gehen eher verschlungene Wege: Kehrtwendungen gehören dazu.
Wenn der Weg auch noch so verschlungen ist, er führt zur Mitte. Und alle großen Umkehrstellen zusammen ergeben ein Kreuz. Seht, die dunklen Stellen ergeben ein Kreuz, den Querbalken und den Längsbalken! In der Mitte des Kreuzes erwartet uns der Tod. Aber der Tod ist für uns Verwandlung in ein neues Leben. Dieses Geheimnis kennen wir schon vom Schmetterling her: Mühselig kriecht die Raupe auf Stummelfüßen über den staubigen Weg, doch die Puppe, ihr Sarg, ist nicht das Letzte: ein herrlicher Schmetterling schwingt sich daraus empor. Es blüht in der Mitte des Labyrinths neues Leben aus dem Stein; aber das sehen wir erst an Ostern.
Erkennt ihr den roten Faden auf dem ersten Teil der Wegstrecke? Er kennzeichnet den engen, fast verborgenen Zugang zum Labyrinth. Wir Menschen stehen heute in der Gefahr, um den eigentlichen Lebensweg herumzulaufen, den Eingang zu einem Leben in Fülle gar nicht zu suchen oder uns mutlos hinzusetzen und zu sagen: „Ist doch alles sinnlos! Wir sind einem blinden Schicksal ausgeliefert. Es gibt keinen Weg aus dem Chaos, das wir Menschen uns zusammenbauen." Heutzutage gibt es nicht nur die Versuchungen wie „Genuss sofort", „Größenwahnsinn" und „Machtrausch". Die größten Versuchungen lauten heute: „Dagegen kann man nichts machen", „Es ist alles sinnlos" und „Wir sind von Gott verlassen".
Doch es gibt einen Weg zum Leben und zur Mitte! Du musst dich entscheiden, ihn zu gehen. Wagnis gehört dazu. Denn erst auf dem Weg merkst du, dass er richtig ist. Der rote Faden zeigt uns den Weg, den wir mit Gottes Heiligem Geist gehen können. Es ist der Weg des Vertrauens und der Liebe. Auch wenn die Lebenswege noch so verschlungen sind: wer sich dabei an die Liebe hält und auf Gott vertraut, spürt immer wieder neue Hoffnung. Glaube, Hoffnung und Liebe, göttliche Tu-

genden. Mehr verlangt Gott von uns nicht. Wem das zu theoretisch ist, der kann auf Jesus schauen, er ist diesen Weg gegangen. Er hat uns in der Mitte des Labyrinths den Aufstieg geschenkt. Wie das Kreuz im Längsbalken den Aufstieg aus dem Querbalken zeigt. Im Kreuz ist Heil, im Kreuz ist Hoffnung, im Kreuz ist Auferstehung.

Lieder: Mach dich auf den langen Weg (Text: Diethard Zils, Musik: Eckart Bücken, tvd-Verlag, Düsseldorf)
Eines Tages kam einer („Troubadour" 200; neu 57)

Weg-Geschichten,

die in den Lesungen oder als Meditation aufgegriffen werden können:
- Gen 12,1-4a: Abraham macht sich auf den Weg;
- Legende von Christophorus (in sehr kurzer Fassung: „Kurzg. 1", Nr. 6);
- Psalm 1: Die beiden Wege;
- Psalm 23: Der Herr ist mein Hirte;
- Lk 10,25-37: Der barmherzige Samaritan;
- Evangelium Joh 14,1-6a: Jesus ist der Weg;
  Einleitung dazu: Wir sind nicht allein im Labyrinth des Lebens; oder
- Joh 24,13-35: Die Jünger von Emmaus erleben den Freund Jesus in ihrer Mitte.

Fürbitten

Gl.: Herr, unser Gott. Wir vertrauen darauf, dass uns dein Sohn im Labyrinth des Lebens nicht allein lässt. Wir rufen zu dir:

1. Für alle, die in Staat und Kirche den Mut verloren haben, ihren Weg weiterzugehen. – *Liedruf*

2. Für alle, die auf große Hindernisse gestoßen sind und sich allein fühlen. – *Liedruf*

3. Für alle, die spüren, dass es leichter fällt, den Weg gemeinsam zurückzulegen. – *Liedruf*

4. Für alle Firmlinge/Konfirmanden, die in der Vorbereitung ein gutes Stück vorwärts gekommen sind: dass sie mit Selbstvertrauen und Durchhaltevermögen weitergehen. – *Liedruf*

5. Für alle, die uns begleiten, ob Eltern, Paten, Freunde oder Katecheten: dass sie auch auf steinigen Abschnitten Hilfe und Geborgenheit finden. – *Liedruf*

Gl.: Denn, gütiger Gott, es ist dein Wille, dass wir den Weg in dein Reich finden – durch Christus, unseren Herrn.

Meditation

Siehe Anhang III., Seite 148f.: 1.1, 1.5, 1.12, 1.13, 2.5, 2.8.

16b Weg-Symbol „Spirale“

Vorbereitung

Das abgebildete Motiv: „Der große Weg“ von Hundertwasser ist als Karte erhältlich beim Verlag F. Bruckmann, München, Tel. 0 89/12 57 00, Fax 0 89/1 25 73 18; Stückpreis der Karte über DM 1,–; als Poster (74 x 73 cm) ca. DM 80,–.

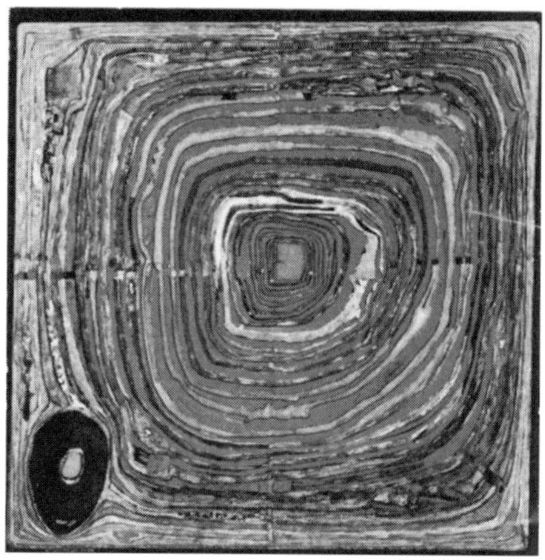

Ansprache

Wir nehmen die Karte in die Hand und betrachten sie:
Zunächst erscheint uns das Bild wie ein Irrgarten, ein Labyrinth – oder es erinnert an die Jahresringe eines Baumes. Aber bei näherem Hinsehen entdecken wir eine Spirale. Sie beginnt als blaues Band links oben, wo – auf Abbildungen kaum erkennbar, auch auf unserer – ein kleines, rotes Quadrat den Anfang bezeichnet. Dann läuft die Spirale gegen den Uhrzeigersinn nach innen. Sie nimmt immer wieder andere Farben an: grün, violett, rot, schwarz, gold, gelb, orange. Damit will der Künstler Hundertwasser die Vielfalt, Schönheit und Überraschungen des Lebens einfangen.
Wie oft begegnen uns im Leben Spiralen! Denken wir an das Schneckenhaus, an das Aussehen etlicher Pflanzen (Farn) bis hin zur Flugbahn des Vogels. Auch für den Menschen ist die Spirale seit alter Zeit das Symbol des Lebens und des Todes. Auf dem Weg durch diese Spirale tauchen immer wieder Hindernisse, Biegungen, Verengungen, Ausbuchtungen, Sackgassen, Querschläger auf. Aber immer wieder fängt sich der Weg.

Was bedeutet zum Beispiel das Viereck oben links, dieser hellbraune, quadratische Klotz? Ein blauer Brief, Berufswahl, Partnerwahl, eine andere wichtige Lebensentscheidung? Was bedeutet das große, dunkle Ei unten links? Am einfachsten ist noch die Mitte zu deuten, ein kleines, blaues Viereck, in das der Spiralenweg mündet. In diesem tiefen „See" findet der Weg, mein Weg, sein gutes Ende. Hier finde ich die Mitte, die Annahme meiner selbst und das Vertrauen in die Schöpfung. Dazwischen liegen Überraschungen, die vielfältigen Aussichten, buntes Leben, spielerische tänzerische Bewegungen. Jetzt darf ich ruhig werden mit der zuversichtlichen Erwartung, dass das Leben am Ende gelingt!
Die Spirale eines jeden Menschen verläuft anders. Jeder muss seinen Weg gehen und an den Hindernissen nicht Halt machen. So schildert Franz Kafka in seiner Erzählung „Vor dem Gesetz" einen Mann, der Zutritt zum Gesetz wünscht, sich aber vom Türhüter abhalten lässt und jetzt jahrelang auf Einlass wartet. Bestechungsversuche und wiederholtes Fragen nützen nichts. Vor seinem Tod fragt der Mann den Wächter ein letztes Mal: „Alle streben doch nach dem Gesetz; wieso kommt es, dass in den vielen Jahren niemand außer mir Einlass verlangt hat?" Der Türhüter erkennt, dass der Mann bald sterben wird und, um sein nachlassendes Gehör noch zu erreichen, brüllt er ihn an: „Hier konnte niemand Einlass erhalten, denn dieser Eingang war nur für dich bestimmt. Ich gehe jetzt und schließe ihn." All meine Fragen nach dem Woher, Wohin und Warum bleiben Geheimnis, ich muss nur meinen einmaligen Weg gehen – trotz mancher Sackgassen, Eintönigkeiten und Hindernisse. „... Dieser Eingang (dieser Weg) ist nur für dich bestimmt."

Ich kenne einen Mann, der war auch unterwegs auf dem großen Weg: Heute hier, morgen dort zog er durchs Land. Kein festes Dach über dem Kopf, kein regelmäßiges Essen. Oft schlief er unter freiem Himmel. Er lebte fast wie ein Hippie. Aber in jeder Blume am Wegrand, in jedem Vogel am Himmel, in jedem Menschen sah er einen Bruder. Er wurde zum Freund und Bruder aller, die ihn brauchten. So fing eine neue Welt an, von der er sprach. Er suchte Freunde, die seiner Spur folgten. Von den Mächtigen ließ er sich nicht einschüchtern, von den Lauen und Gleichgültigen nicht anstecken. Er ging unbeirrt seinen Weg, belächelt und verfolgt, geliebt und verachtet.

(nach H.J. Coenen, Ich suche einen Faden, Patmos 83, S. 28)

Die evangelische Theologin Dorothee Sölle schrieb von diesem Mann: „Ich halte Jesus, den Mann aus Nazareth, für den glücklichsten Menschen, der je gelebt hat. Er begegnete als ein Mensch, der seine Umgebung positiv ansteckte, der seine Kraft weitergab, der verschenkte, was er hatte ... Von ihm können wir lernen: Je glücklicher einer ist, umso leichter kann er loslassen." Wir dürfen dabei nicht vergessen, dass dieser glücklichste Mensch auch den Kreuzweg gegangen ist.

Hinweis: Weitere Texte entnehmen Sie bitte den Ausführungen unter 16a: Symbol „Labyrinth", Seite 52f.

16c Weg-Symbol „Irrgarten“

Ich suche einen Sinn

Vorbemerkung

Im Unterschied zum Labyrinth kann ich mich in einem Irrgarten verlieren. Dieser Gedanke liegt zugrunde, wenn wir vom Leben als einem Irrgarten sprechen, in dem man sich verirren kann. (Siehe Vorbemerkung zum Labyrinth, Seite 52)

Vorbereitungen

1. Siehe unter „Labyrinth“, Vorbereitungen Nr. 1, Seite 52.
2. Vor dem Altar, im Altarraum oder in einem Seitenschiff kann von den Firmlingen/Konfirmanden ein Irrgarten angelegt sein. Vor dem Gottesdienst werden die jüngeren Geschwister und alle, die das möchten, aufgefordert, einen Weg im Irrgarten ausfindig zu machen, der zu einem Christusbild oder Kreuz führt. Auch neben dem Altar kann auf einer großen Stellwand ein Irrgarten aufgemalt sein. Aber ein roter Wollfaden, der auch hinten in der Kirche noch sichtbar sein muss, führt zum Ziel oder zur Mitte, die durch ein Christusbild oder Kreuz, hinter dem eine Sonne steht (= Tod und Auferstehung), gekennzeichnet ist. Die Fotos der Firmlinge/Konfirmanden sind entlang des roten Fadens aufgeklebt.
3. Für jede/n Teilnehmer/in einen ca. 1 m langen Wollfaden.

Bausteine für den Gottesdienst

Kurzgeschichte vom roten Faden

Einleitung: Unsere Welt erscheint uns manchmal wie ein Irrgarten, wie ein undurchschaubares Gewirr von vielfach verschlungenen Gängen und Wegen. Wir hören eine Geschichte aus den Sagen der Griechen, in der ein roter Faden den im Irrgarten Verirrten Rettung bringt.

1. Spr.: Eine griechische Sage erzählt: Auf der Insel Kreta hauste in einem unterirdischen Irrgarten ein Ungeheuer, halb Mensch und halb Stier, der Minotaurus. Wenn die Bewohner der Insel nicht wollten, dass das Untier sich

wahllos Menschen einfing, mussten sie ihm alle neun Jahre sieben junge Mädchen und sieben junge Männer zuführen. Der griechische Held Theseus reihte sich freiwillig unter die Schar der Todgeweihten ein. Bevor sie den Gang in die Höhle antraten, verliebte sich die Tochter des Königs von Kreta, die schöne Ariadne, in Theseus. Sie drückte ihm ein Knäuel mit rotem Garn in die Hand, damit er es in den Irrgängen abspule und so mit seinen Gefährten und Gefährtinnen den Weg zurückfinden könne.

2. Spr.: Theseus befolgte den Rat, befestigte das Ende des Garns am Eingang und ließ das Knäuel abspulen, während sie sich ins Innere der schrecklichen Höhle vortasteten. Theseus gelang es in der Mitte des Irrgartens wirklich, das mächtige Ungeheuer zu besiegen. Und das rote Garn half ihnen durch die sinnverwirrenden Windungen des Irrgartens wieder zum Eingang der Höhle zurückzufinden. *(nach einer griechischen Sage, nachzulesen in: Gustav Schwab, Die schönsten Sagen des Klassischen Altertums, Siegbert Mohn Verlag o.J., S. 160f.)*

3. Spr.: Wir bräuchten einen roten Faden, der uns Verplanten und Verwalteten hilft, uns auf den vorgegebenen Wegen von Elternhaus, Schule oder Betrieb zu orientieren. Welche Ungeheuer sind dabei zu überwinden, wenn ich an Verleumdung denke, an Heuchelei, Gleichgültigkeit, Rechthaberei, Angst, Enttäuschung, Streit, Schuld? Habe ich einen guten Freund an der Seite, der mit mir den Weg nach vorne und zurück sucht? Steht jemand in Liebe zu mir oder stehe ich allein, wenn ich in eine Sackgasse gerate? *(Stille)*

Evangelien: Joh 14,1-6a: Jesus ist der Weg;
Joh 14,15-19.25-27: Jesus gibt uns seinen Beistand an die Seite, der immer bei uns bleibt.

Deutung des roten Fadens

(Allgemein: Rot ist die Farbe der Liebe; darum *roter* Faden) Jesus = der Weg; der Heilige Geist als Beistand, als treuer Freund an der Seite = rote Farbe der Flammen, die auch Liebe meinen.

Aktion

(nach der Predigt von Gl. oder zum Friedensgruß:)

Wir knüpfen mit den Fäden ein Netz – wie ein Sicherheitsnetz im Zirkus, das verhindert, dass jemand ins Bodenlose stürzt. Wir knüpfen ein Liebesnetz, ja ein Friedensnetz. Dazu singen wir:

Lied: Wir knüpfen aufeinander zu („Troubadour“ 52, neu 261).

Das fertige Netz halten wir einmal hoch über unsere Köpfe. Später kann sich jeder wieder ein Stück Faden herauslösen und als Erinnerung mitnehmen.

Fürbitten

Dabei kann man sich an den Fürbitten vom Gottesdienstvorschlag 16a, Seite 55, Labyrinth, orientieren.

Meditation

Siehe Anhang IV., Seite 153f.: 1.1, 1.5, 1.12, 1.13, 2.5, 2.8.

Weg-Geschichte

Ein Wunderknabe, der an jeder Wegkreuzung unter vielen Wegen wählen muss, spürt, wie sein Erfahrungshorizont mangels Möglichkeiten immer mehr zusammenschrumpft, er erkennt aber am Ziel auf dem Berggipfel, dass er trotz der verpassten Täler im Kleiner- und Kürzer-Werden ein Leben lang aufwärts gegangen ist. Ausführlicher: „Kurzg. 2", Nr. 151.

16d Weg-Symbol „Mandala"

Im Leben die Mitte finden

Vorbereitungen

Das nebenstehende Mandala von den Firmlingen/Konfirmanden in mindestens acht verschiedenen Versionen ausmalen und kopieren lassen, je acht auf eine DIN A4-Seite, ausschneiden, sodass alle Teilnehmer/innen ein kleines, buntes Mandala am Eingang überreicht bekommen. Da Buntkopien sehr viel kosten, ist auch denkbar, ein paar Mandalas sehr zu vergrößern und in der Kirche gut sichtbar aufzuhängen.

Für jüngere Geschwisterkinder Stifte und einige Schwarzweißkopien auslegen, die während des Gottesdienstes ausgemalt werden können. Malfläche ist die Sitzbank. (Am Schluss allen vorzeigen lassen!)

Bausteine für den Gottesdienst

Hinführung

Sie haben hoffentlich alle ein Mandala bekommen und griffbereit. Mandalas sind uralte Meditationszeichen aus Indien, Tibet und der Indianerkultur. Wir kennen sie aber auch im christlichen Bereich, zum Beispiel sind sie in den Rosettenfenstern der mittelalterlichen Dome nachgebildet.
Mandalas sind Bilder von Gott, von unserer Seele und der Welt. Sie strahlen etwas von der Ganzheit aus, die wir suchen. Besonders junge Menschen sind hin und her geworfen, himmelhoch jauchzend und zu Tode betrübt und suchen nach ihrer Mitte und nach Ganzheit.

Erste Meditation

Wir schauen unser Mandala an. Es ist ein Sinnbild für unsere Seele und für unser Leben. Unsere Mandalas sind von den Firmlingen/Konfirmanden ganz unterschiedlich ausgemalt worden, obwohl jeder dieselbe Vorgabe, dieselbe Grundstruktur im Leben vor sich hat.
Das bedeutet: Die Umwelt ist uns vorgegeben und auch unsere Veranlagungen. Aber jeder malt sein Leben anders aus. Bei über sechs Milliarden Menschen würde es genauso viele Variationen geben. Schauen Sie mal nach rechts und links, wie verschieden die Mandalas ausgefallen sind ...
Ein Mandala kann ich von außen nach innen ausmalen oder von innen nach außen. Das heißt: Ich kann von der Arbeit und der Welt her mein Leben begreifen. Umgekehrt kann ich es auch von innen her verstehen: Wenn ich meine „Mitte" gefunden habe, kann ich vielleicht leichter alle meine Lebensbereiche von dorther durchdringen und zur Harmonie bringen. Wie sehr wünschen wir den Firmlingen/Konfirmanden, dass sie auch hier ein Stück Mitte finden. Dann fällt im Leben vieles leichter.

Lesung: 1 Joh 4,7-12; 20-21 mit der Einleitung: Gottesliebe und Nächstenliebe, Gottesdienst und Dienst am Menschen schließen sich nicht aus. Wer Gott liebt, soll auch die Menschen lieben: Diese Erkenntnis führt zur Mitte.

Evangelium: Das Hauptgebot, zum Beispiel Mt 22,35-40 oder Lk 10,25-37 (darin der barmherzige Samariter) mit der Einleitung: Was muss ich im Leben versuchen, um die Harmonie zu finden, die uns im Mandala begegnet?

Zweite Meditation

Das Mandala – ein Symbol für Gott und Gottes Geist.

1. In unserer Gemeinde haben wir bereits Erfahrungen mit dem Mandala gemacht. Jung und Alt haben es bei Meditationsmusik ausgemalt. Noch intensiver waren

die Erfahrungen, als wir Mandalas mit Blumen, Muscheln etc. legten: Es entstand eine Harmonie, Fantasie und Lebendigkeit, die eigentlich unbeschreiblich ist. Wer von uns könnte denn mit Worten beschreiben, was wir sehen? So unbeschreiblich ist auch Gott, so unfassbar auch Gottes Geist. In einem Kreis Erwachsener war die Erfahrung, das Mandala anschließend zu zerstören und damit loszulassen, am tief greifendsten. Aber jedes Bild von Gott, und sei es noch so schön, ist nur eine Ahnung und darum gleich wieder loszulassen. Wir bleiben ein Leben lang auf der Suche nach dem Unbegreiflichen. Wie Jesus schon Maria Magdalena nach der Auferstehung sagte: Halte mich nicht fest!
Interessant, was die tibetanischen Mönche oder die Indianer dazu sagen, wenn sie Mandalas aus gefärbtem Sand legen. Sobald das tagelange Werk vollendet ist, zerstören sie es sofort: „Das Legen und Suchen der Harmonie ist die eigentliche Aufgabe!“ Etwas von dieser Weisheit klingt auch im alttestamentlichen Bilderverbot auf: Du sollst dir von Gott kein Bild machen!

2. Wir schauen unser Mandala etwas genauer an: Wir sehen Kreise, die für Gott und die „Mitte“ stehen. Wir sehen auch Vierecke, welche die Welt andeuten und unsere Arbeit und Hetze, die uns manchmal in vier Himmelsrichtungen zerreißt. Kreise und Vierecke gehen ineinander über. So soll es auch in unserem Leben sein: Es gibt keinen „halbierten“ Gott, den ich nur draußen in der Welt finden kann oder nur in der Kirche allein. Nein: Gott ist überall uns gleich nahe, überall für uns da. Ich kann mitten in der Arbeit auf Gott stoßen und darf hier im Gottesdienst den Alltag nicht aus dem Auge verlieren. Wie uns die Mönche im Mittelalter schon gesagt haben: „Bete und arbeite! Arbeite und bete! Alles zur größeren Ehre Gottes. Alles meinem Gott zu Ehren in der Arbeit, in der Ruh!“ (GL 615)
Ein Mensch, der vor lauter Gottesliebe über dem Erdboden schwebt und draußen dem Nächsten nicht richtig begegnet, ist auch Gott noch nicht richtig begegnet. Kann andererseits ein Mensch, der Gott noch nicht richtig begegnet ist, auch Menschen nicht richtig lieben?
Ich wiederhole: Es gibt keinen „halbierten“ Gott, außen oder innen, innen oder außen. Überall ist er uns gleich nahe. Das sprachen auch die Lesungen aus: Gottesdienst und Dienst am Menschen schließen sich nicht aus. Wer sagt: „Ich liebe Gott!“, aber seinen Bruder hasst, der betrügt sich selbst. Das Wichtigste aus den Zehn Geboten lautet: Liebe Gott aus ganzer Seele und den Nächsten wie dich selbst! Das sieht auf den ersten Blick wie ein Zerreißprozess aus: Wie kann ich denn beides?! Aber echte Gottesliebe weitet den Blick für den Nächsten und wirkliche Nächstenliebe begegnet Gott im Nächsten. In dem Zusammenhang ist auch unser Morgen- und Abendgebet interessant, das doch bei uns weitgehend abhanden gekommen ist. Es ist zu wenig, wenn ich mich nur im Gottesdienst am Sonntag bemühe, zur Ruhe zu kommen und zu mir zu finden. Ich brauche auch Ausgeglichenheit im Alltag und kann sie im Gebet oder der Meditation oder auf einem Spaziergang finden.

3. Die Firmlinge/Konfirmanden lesen uns noch drei kurze Begebenheiten vor, die beide Richtungen, in denen wir Gottes Geist finden können, zusammenführen. Sie stammen aus der Weisheit aller Völker und Religionen:

1. Spr.: Gandhi sagte: „Fragt dich ein Hungriger: ‚Wo ist Gott?', dann gib ihm Brot und sage: ‚Hier ist Gott!'"

2. Spr.: Ein Suchender fragte: „Was ist der kürzeste Weg, dir, Gott, zu begegnen?" „Schiebe den Rollstuhl!" hat mir einer ohne Beine gesagt. –

3. Spr.: „Wenn ich einen Tag nicht übe", sagte ein berühmter Konzertpianist, „dann merke ich es. Wenn ich zwei Tage nicht übe, merken es meine Freunde. Wenn ich drei Tage nicht übe, merkt es mein Publikum." – Ähnlich ist es mit dem richtigen Beten: Wenn ich einen Tag nicht bete, merkt es mein Gesprächspartner Gott. Wenn ich zwei Tage nicht bete, merke ich es selber, weil mir die Ausrichtung auf meine Mitte fehlt. Wenn ich drei Tage nicht bete, kann es meine Umgebung spüren.

Predigt

Hier kann auch die zweite Meditation eingesetzt werden.

Glaubensbekenntnis

Gl.: Wir schauen auf unser Mandala und hören dabei einen Text, der versucht in Worte zu fassen, was wir sehen.
(Zu Hintergrundmusik werden folgende Sätze gesprochen:)

1. Spr.: Ich glaube an Gott als den Ursprung aller Dinge.
Von seiner allumfassenden Liebe sind wir getragen.

2. Spr.: Ich glaube, dass Gott die absolute Wahrheit ist.
Diese Wahrheit ist auch durch Menschen zu erfahren.

1. Spr.: Ich glaube, Gott ist unendliche Liebe.
Nur durch die Kraft dieser Liebe können wir befreit werden.

2. Spr.: Ich hoffe, dass Gott Vergebung ist.
Darum können wir täglich neu anfangen.

1. Spr.: Ich hoffe, dass Menschen nicht sterben an ihrer Beziehungslosigkeit,
an ihrer Lieblosigkeit und Gleichgültigkeit.
Sie können sich für das Gute öffnen.
Sie können Gott auch im Menschen begegnen.

2. Spr.: Ich hoffe, dass durch die Gemeinschaft mit Gott
erst wirkliches menschliches Leben möglich wird;
dass Auferstehung täglich ein wenig wahr wird.

Fürbitten

Gl.: Wir rufen Gott an, der ganz anders ist als jede unserer Vorstellungen:

1. Für die christlichen Kirchen und alle Weltreligionen: Um Einheit und Harmonie. – *Stille*

2. Für alle Menschen in Ost und West, Nord und Süd: Um Orientierung und Menschlichkeit. – *Stille*

3. Für alle in Armut, Krieg und Verzweiflung: Um Gerechtigkeit und Frieden. – *Stille*

4. Für uns selbst, Eltern, Paten und Freunde: Um Lebensfreude und Geistesfülle. – *Stille*

Gl.: Herr, erhöre unser Gebet.

Alle: Und lass unser Rufen zu dir kommen.

Meditation

Siehe Anhang III., Seite 153f.: 1.1, 1.5, 1.12, 1.13, 2.5, 2.8.

Alternativen zum obigen Mandala:

17. Wir sind auf dem Weg

Symbol Rucksack

Vorbereitung

Ein (wieder) moderner Rucksack, gefüllt mit den Gegenständen, wie im Sprechspiel angegeben. Es können auch Bilder oder Fotos von gewundenen und geraden, weiten und engen, ansteigenden und abschüssigen Wegen aushängen und kommentiert werden; es kann auch ein Wegweiser aufgestellt sein.

Hinweis: In Zusammenarbeit mit den Firmlingen/Konfirmanden andere Symbole finden, die in den Rucksack passen, und beschreiben.

Lesungen: Gen 12,1-4a: Abraham macht sich auf den Weg;
Lk 10,25-37: Wie ein barmherziger Samaritan unterwegs sein (Wenn dieses Evangelium genommen wird, heften Firmlinge/Konfirmanden danach auf den Arm des Wegweisers die Aufschrift: Gott und die Menschen lieben – wie sich selbst.);
Lk 24,13-35: Jesus geht mit (Emmausjünger).

Sprechspiel

(Zu Beginn kann ein Wegweiser aufgerichtet werden: Wir sind an einem Scheideweg und können uns jetzt mehr für Gottes guten Geist und seine Wege entscheiden.)

Gl.: Mit der Firmung/Konfirmation seid ihr als Christen erwachsen. Ihr sagt „Ja" zu eurer Taufe im Säuglingsalter, bei der ihr nicht gefragt werden konntet. Jetzt liegt eine lange Wegstrecke vor euch. Hoffentlich sehen wir euch oft hier wieder, um den Weg zu bedenken, den ihr geht. Es ist wichtig, das Richtige für die lange Wanderung in den Rucksack zu packen. Ihr habt ihn gepackt und wir wollen einmal schauen, was Ihr für wichtig haltet.

1.: *(holt aus dem Rucksack einen Kompass und zeigt ihn)*
Zunächst brauche ich einen **Kompass**, der die Richtung anzeigt, die zum Ziel führt. Manchmal sind Wahrheit und Lüge in unserer Gesellschaft so vermischt wie die schwarzen und weißen Streifen eines Zebras.
Der Heilige Geist ist wie ein innerer Kompass, der uns hilft, Gutes und Böses zu unterscheiden. Seine Nadel zeigt immer auf die Wahrheit, schenkt uns also Orientierung im dichten Wald unserer Aufgaben und Sorgen, im Meer der Freizeitangebote und in den Nebeln des Zweifelns.
(legt den Kompass gut sichtbar neben den Rucksack)

2.: *(holt ein Stück gemalten Regenbogen hervor)*
Ein **Regenbogen** leuchtet in allen Ländern der Welt auf, übersteigt jede Grenze und erfreut das bunte Gemisch der Völker. Ein wunderschönes Gleichnis für Gottes guten Geist, der weht, wo er will – auch außerhalb der christlichen Kirchen. Er möchte die Welt in Eintracht und Frieden sehen. Auch wir sind aufgerufen, dazu beizutragen. *(legt das Stück Regenbogen gut sichtbar neben den Rucksack)*

3.: *(holt eine Orientierungskarte heraus und entfaltet sie)*
Was nützen uns schnelle Autos, wenn wir nicht die Richtung kennen? Im Straßengewirr unserer Welt brauchen wir eine **Orientierungskarte**, um den Zielpunkt zu finden. Orientierung schenkt uns das Wort Jesu im

Buch der Bücher, der Bibel. Aber auch die Zehn Gebote, besonders ihre Zusammenfassung im Hauptgebot, weisen gültige Wege, nämlich: Es kommt im Leben besonders auf Vertrauen und Liebe an. *(legt die Orientierungskarte gut sichtbar neben den Rucksack)*

4.: *(holt eine kleine Schatzkiste hervor)*
Diese kleine **Schatzkiste** will auf das Geschenk einer Freundschaft hinweisen. Alles wird leichter und schöner, wenn einer mitgeht und mitträgt; wenn ich mich in hellen und dunklen Stunden an einen anlehnen kann. Ich möchte auch, dass Jesus mit mir geht, „der's Leben kennt und mich versteht und mich zu allen Zeiten kann geleiten." *(stellt die Schatzkiste gut sichtbar neben den Rucksack)*

5.: *(holt ein Kreuz hervor)*
Das **Kreuz** ist das große Plus-Zeichen für unsere Welt. Es hält auch eine Antwort bereit, wenn uns Leid und Tod begegnen. Der Mensch kann wie auf dem Querbalken endlos auf der Suche sein, ein Aufstieg gelingt ihm nicht. Erst wo Jesus im Längsbalken, in Geburt und Auferstehung, auf den Querbalken stößt, können wir aufsteigen; sind wir Menschen erlöst. Mit ihm an der Seite finden wir leichter das Ziel des Lebens. *(legt das Kreuz gut sichtbar neben den Rucksack)*

6.: *(holt zwei gemalte, wie zur Versöhnung ineinander gelegte Hände heraus)*
Sich nach einem Streit wieder die **Hände reichen** kostet viel weniger Nerven, als sich in Grabenkriegen und langen Prozessen aufzureiben. Ein chinesisches Sprichwort sagt: „Versöhnung ist die beste Münze im Haus!" Jesus sagt sogar, dass wir siebenundsiebzigmal unserem Bruder und unserer Schwester vergeben sollen, das heißt immer! *(legt die Zeichnung mit den beiden Händen gut sichtbar neben den Rucksack)*

7.: *(Hier können weitere, mit den Jugendlichen erarbeitete Symbole gezeigt und erläutert werden, wie zum Beispiel ein Stück Brot, eine Flasche mit Wasser, ein Tütchen mit Salz, Kerze, Engel, Pilgermuschel ...)*

(zum Teil mit Anke Krauß erarbeitet)

Fürbitten

Siehe Anhang III., Seite 148f.

Feierlicher Schlusssegen

(zunächst von zwei Jugendlichen sprechen lassen)

1.: Die Hand Gottes sei über uns,
um uns den rechten Weg zu zeigen.

2.: Die Hand Gottes sei unter uns,
um uns aufzufangen, wenn wir zu stürzen drohen.

1.: Die Hand Gottes stehe uns wie ein Wind im Rücken.
Sie bewahre uns vor der Heimtücke des Bösen.

2.: Die Hand Gottes möge uns umgeben –
wie eine schützende Mauer, wenn andere über uns herfallen.

1.: Die Hand Gottes berühre uns zärtlich
und tröste uns, wenn wir traurig sind;
sie umschließe uns in Einsamkeit und Not.

2.: Und Gottes Hand sei über uns, um uns zu segnen –
bei der Arbeit und in der Freizeit.
Sie sei auch über dem, der mit uns geht.

Gl.: So segne euch der gütige und mächtige Gott,
der Vater und der Sohn und der Heilige Geist –
heute und morgen und immer und ewig.

18. Jeder ein Missionar! Jede eine Missionarin!

Symbol Wegweiser

Vorbereitungen

1. Ein großer Wegweiser steht im Altarraum gemäß nebenstehender Grafik. Das O im Wort „Gott" ist ein großer Spiegel.
2. Eventuell erhält jede/r Kirchenbesucher/in zur Erinnerung einen kleinen Spiegel.

3. Zur Eucharistie/Abendmahlsfeier stellen sich die Jugendlichen mit den Kerzen um den Altar, die zunächst rechts und links vom Wegweiser stehen.

Lesungen: Röm 12,2.9-18: Aufforderungen zu einem Leben aus dem Geist.
Einleitung: Wie sähe das aus, die letzten Worte Jesu, sein Testament „Geht hinaus in alle Welt!" in die Tat umzusetzen?
Mt 28,16-20: Der Auftrag Jesu;
Lk 9,1-6: Aussendung der Zwölf.

Hinführung

Der Nachwuchs in den Missionsorden lässt nach – in unserem Land verlassen viele Christen ihre Kirche. Umso mehr freuen wir uns, dass diese jungen Menschen hier sind ...
(Danach treten die Jugendlichen alle nach vorne, schauen einige Augenblicke in den Spiegel des Wegweisers und entzünden an der Osterkerze/Jesuskerze ihre Kerze, die sie dann brennend aufstellen.)

Kurzgeschichte

1. Spr.: Die Welt zu Gott zu bekehren ist nicht leicht.

2. Spr.: Ein Rabbi pflegte zu erzählen: „In meiner Jugend, als mich die Gottesliebe entzündete, meinte ich, ich würde die ganze Welt zu Gott bekehren. Aber bald verstand ich, es würde genug sein, wenn ich die Leute meiner Stadt bekehre und ich mühte mich lange, doch wollte es mir nicht gelingen.

1. Spr.: Da merkte ich, dass ich mir immer noch zu viel vorgenommen hatte und ich wandte mich meinen Hausgenossen zu. Es ist mir nicht geglückt, sie zu bekehren. Endlich ging es mir auf: Mich selbst will ich zurechtschaffen, dass ich Gott in Wahrheit diene. – Aber auch diese Bekehrung habe ich nicht zustande gebracht."

Alternative:

Spr.: Gandhi wurde einmal von christlichen Missionaren gefragt, was sie tun müssten, damit die Hindus die Bergpredigt annehmen. Seine Antwort: „Denken Sie an das Geheimnis der Rose. Alle mögen sie, weil sie duftet. Also duften Sie, meine Herren!"

Danach **Lesung:** Röm 12 – **Lied** – **Evangelium**

Predigt

Eure muslimischen Freunde bekommen in ihrem Religionsunterricht beigebracht: Vertraut nicht nur auf die bestellten Verkündiger der Botschaft Mohammeds, nein, *ihr* seid die Missionare und Missionarinnen, jeder und jede von euch!

Ähnliche Sätze finden sich auch bei Vertretern unserer christlichen Kirchen: Der berühmte Theologe Karl Rahner († 1984) sagte einmal, dass derjenige aller Wahrscheinlichkeit nach ein wirklich christliches Leben geführt habe, der wenigstens einen anderen Menschen durch sein Leben zum Christentum gebracht hätte. – Der Kirchenlehrer Cyprian († 258) formulierte es so: „Wenn wir Christen wirklich Christen wären, dann gäbe es keine Heiden mehr."
Ein Theologe unserer Zeit (Martin Gutl, † 1994) drückte es so aus: „Sagen nicht deswegen so viele ‚Es gibt keinen Gott', weil es uns nicht gibt?"
Darum habt ihr zu Beginn in den Spiegel des Wegweisers auf der Suche nach Gott geschaut: Wenn es eine beklagenswerte tote Kirche hier und da schon gibt, dann auch, weil dort Christen, vielleicht du oder ich, schon versagt haben.
Einer meiner netten Mitbrüder im kirchlichen Amt erzählte mir einmal: „Heute Morgen kam keiner in die Kirche. Keiner. Die Glocken hatten ausgeläutet. Der Küster hatte die Kerzen angezündet. Mit Christian, unserem Praktikanten, und mit meiner Gitarre kniete ich in der Kirche und wartete. Schließlich stellte sich das Missverständnis heraus. Die Kinder des ersten Schuljahrs kommen erst nächste Woche zur Einsegnung. Trotzdem. Es war im Augenblick eine Horrorvision. Es läutet, aber keiner kommt mehr ..."
Und dann erinnerte er sich an eine Begegnung mit dem großen Carlo Caretto, einem Meister der Meditation und der geistlichen Aufbrüche. Als er ihn einmal fragte, was nach seiner Meinung das Wichtigste für einen Pfarrer sei, antwortete dieser, fast ohne zu überlegen: „È un uomo di fede – Er ist ein Mann des Glaubens." Mehr sagte er nicht, nichts von Prioritäten, neuen Methoden, Modellen. „Ein Mann, eine Frau des Glaubens!" *(Nach Gerhard Dane, Kerpen)*
Ich gebe das an euch weiter. Ich weiß nicht, wie weit ihr schon wirklich eine Bekehrung durchgemacht habt und dem Wegweiser der Gottsuche gefolgt seid. Manchmal genügt das: Zu lernen, besonders an bösen Tagen an das große DU zu glauben, das uns in Jesus Christus sichtbar wurde.
Wenn ihr gleich mit brennenden Kerzen um den Altar steht, dann wird in diesem Symbol sichtbar, was gemeint ist: Eine Kerze kann das Licht nur weitergeben, wenn sie selbst brennt und sich dabei verzehrt. Wer nur zuschaut, kann nichts weitergeben; weitersagen ist schon viel, aber nicht genug.

Alternativ zum Bild der Kerzen ein modernes Gleichnis:
Der Cursor (= Läufer) auf der Computermattscheibe, dieser kleine, senkrechte, schwarze Strich, läuft den Eingaben immer um einen Schritt voraus. Er weist und bereitet den Weg. Er lässt sich nicht überholen. Er ist immer in Aktion und Funktion. Aber auf dem ausgedruckten Text erscheint der Cursor nicht: Er tat ganz bescheiden nur seinen Dienst. Solch ein Wegweiser sein ...

Fürbitten

Gl.: Herr, unser Gott. Die Frohe Botschaft deines Sohnes ist auch heute allen Menschen dieser Erde angeboten. Voll Vertrauen rufen wir zu dir, unserem Vater:

1. Für die christlichen Kirchen auf der ganzen Erde: Schenke ihnen die Kraft, Licht auf dem Berg und Sauerteig in der Welt zu sein. – *Liedruf*

2. Für die Männer und Frauen, die die Gute Nachricht verkünden: Hilf ihnen, dass ihre Taten mit ihren Worten übereinstimmen. – *Liedruf*

3. Für alle, die in Staat und Gesellschaft Verantwortung tragen: Bewege sie dazu, dass sie sich einsetzen für den Frieden und das Wohl ihrer Mitmenschen. – *Liedruf*

4. Für alle, die von Kriegen und Verfolgungen heimgesucht sind: Lass sie deine tröstende Gegenwart erfahren. – *Liedruf*

5. Für unsere eigene Gemeinde und für uns selber: Stärke und ermutige uns, dass wir den Glauben froh und ansteckend leben. – *Liedruf*

Gl.: Vater, du hast die Kraft, unsere Herzen zu verwandeln, sodass unser Glaube in unserem Alltag lebendig wird und Frucht bringt. Darum bitten wir dich durch Christus, unseren Herrn und Bruder.

(Nach einer Missio-Vorlage)

Meditation

Wir beten gemeinsam GL 29,6: Herr, mach mich zu einem Werkzeug deines Friedens.

(Nach Peter Frowein)

19. Die Botschaft weitertragen

Symbol Pusteblume

Vorbereitungen

Die Missio-Leuchtbox zeigt auf der Folie 18.2 ein blühendes Löwenzahnfeld und auf F 10.1 eine Pusteblume in der Sonne. – Eventuell für jede/n eine Postkarte bereithalten, die eine Pusteblume zeigt, zum Beispiel Nr. 7293 im Kunstverlag, 82488 Ettal. – Das Sprechspiel ist eindrucksvoller, wenn dazu ein Puzzle gelegt wird, das entsprechend der Sprechtexte aus acht Teilen besteht.

Lesungen: Apg 2,1-11: Da kam vom Himmel her ein Brausen, wie wenn ein heftiger Sturm daherfährt;
Joh 20,19-23: Er hauchte sie an.

Bußakt

1. Die wirklichen Wunder sind leise. Sie liegen oft am Weg oder begegnen uns im Alltag – wie eine Blume. – Weil wir oft blind daran vorbeilaufen: Herr, erbarme dich!

2. Der Löwenzahn durchbricht manchmal sogar den Asphalt. Dann blüht er inmitten von Steinen und Geschäftigkeit. – Weil wir oft den Mut aufgeben, wenn uns scheinbar Unüberwindliches begegnet: Christus, erbarme dich!

3. Eine Pusteblume lässt sich durch keinen Gartenzaun begrenzen. Ihre fliegenden Samenkörner überwinden sogar Meere und Berge. – Weil wir unseren Glauben oft ängstlich verstecken: Herr, erbarme dich!

Gl.: Der allmächtige Gott erbarme sich unser. Er schenke uns das leise Wunder seines Heiligen Geistes, das uns bewegen und beleben will für ein erfüllteres Leben.

Sprechspiel

(Acht Puzzleteile, die eine große Pusteblume ergeben, werden im Altarraum nach jedem Text zusammengefügt)

1. Spr.: Wir haben für unsere Firmung/Konfirmation das Symbol der Pusteblume ausgesucht. Viele sehen sich gar nicht um nach diesem Wunder auf den Wiesen und an den Wegrändern. *(Puzzleteil anheften)*

2. Spr.: Der Löwenzahn gilt als Symbol für den Widerstand: Er ist anspruchslos, wächst überall und sitzt mit seinen starken, tiefen Wurzeln zäh im Erdreich. Die Gärtner haben ihre liebe Not, die Gartenbeete von ihnen freizuhalten. *(Puzzleteil anheften)*

3. Spr.: Gerade wenn man meint, der Löwenzahn sei verblüht, schickt er überraschend aus seiner Pusteblume neuen Samen aus. Unendlich viele kleine Fallschirme trägt der Wind fort; sie sind nicht mehr einzufangen. *(Puzzleteil anheften)*

4. Spr.: Der Wind ist Symbol für die Geistkraft Gottes, die an Pfingsten den Jüngern den nötigen Rückenwind gab. Wir haben es ja eben in den Lesungen gehört: Die verunsicherten ängstlichen Jünger wurden von Jesus angehaucht und sofort waren ihre Furcht und ihre Angst wie weggeblasen. *(Puzzleteil anheften)*

5. Spr.: Jesus brachte sie, die hinter verschlossenen Türen „geschlossene Gesellschaft" spielen wollten, mit seinem Heiligen Geist in Bewegung.Wenn die Jünger danach verfolgt und vertrieben wurden, so trugen sie damit aber die Frohe Botschaft vom heilenden Gott in alle Welt. *(Puzzleteil anheften)*

6. Spr.: Wenn das Samenkorn am Fallschirm irgendwo landet, bohrt es schnell Wurzeln ins Erdreich und es wächst eine neue Pflanze. So möchte Jesus auch uns bewegen, uns als Missionare zu sehen, da, wohin uns das Leben stellt. „Wie mich der Vater gesandt hat", spricht Jesus, „so sende ich euch!" *(Puzzleteil anheften)*

7. Spr.: Der Löwenzahn ist ein altgedientes Heilkraut – wie Jesus unser Heilkraut ist gegen den täglichen und ewigen Tod. Wir haben oft nicht mehr als Pusteblumenkräfte. Aber wenn wir den Wind des Heiligen Geistes zulassen, kann uns nichts mehr halten. *(Puzzleteil anheften)*

8. Spr.: Danke, Gott, für den Wind, den rauen, herzlichen Freund, der uns manchmal ins Gesicht bläst. Lass uns erfahren, dass das Weitergeben des Empfangenen erst richtig zufrieden machen kann. *(Puzzleteil anheften)*

Lieder: Leuchtend gelbe Blüte ..., Lied von der Pusteblume (Text und Melodie: Siegfried Macht, Finkenstr. 51, 70794, Filderstadt-Plattenhardt, Tel. 07 11/7 73 88 00). –
Eine freudige Nachricht breitet sich aus ... (Text und Melodie: M.G. Schneider, Christophorus-Verlag, Verlag Ernst Kaufmann. –
Schau doch mal, was ich hier habe … (Text: Verena Gaß, Glottertal, Musik: Paul Vehling, Im Kreuzfeld 10, 53842 Troisdorf-Spich).

Kurzgeschichten zur „Pusteblume"

1) Das Evangelium glaubwürdig machen

Vor einiger Zeit fand eine internationale Jugendtagung statt, auf der man sich beriet, wie das Evangelium am besten verbreitet werden könne. Die jungen Menschen sprachen von Propaganda, von literarischen Möglichkeiten und vielem anderen mehr, wozu das einundzwanzigste Jahrhundert entsprechende Mittel bietet. Da meldete sich ein junges Mädchen aus Afrika zu Wort und sagte: „Wir schicken in die Dörfer, die wir für das Evangelium gewinnen möchten, keine Schriften. Wir schicken eine gläubige Familie dorthin, damit die Dorfbewohner sehen, was christliches Leben ist."

2) Siehe Vorschlag Nr. 18, Seite 68, alternative Kurzgeschichte.

3) Bauleute des Reiches Gottes

Eines Tages kam der kleine Prinz zu einigen Bauleuten. „Wer seid ihr?“, fragte der kleine Prinz. „Wir sind die Bauleute des Reiches Gottes“, sagten die Bauleute. Ach, ihr seid ja ganz schön dreckig und verschwitzt, dachte der kleine Prinz, nicht gerade so, wie ich mir solche Bauleute vorgestellt habe. Und er sagte: „Mit welchen Änderungen seid ihr denn schon fertig?“
„Mit keinen“, antworteten sie, „aber wir alle hier sind dabei, uns selbst und damit alles zu verändern.“
„Mmmh“, sagte der kleine Prinz, „ist denn dann alles noch so wie früher?“
„Nein“, sagten die Bauleute, „das keineswegs. Früher waren wir kräftig; heute sind wir schwach. Früher waren wir im Besitz der Wahrheit; heute suchen wir sie wieder. Früher waren wir satt; heute sind wir hungrig.“
„Aber“, fragte der kleine Prinz vorsichtig, „seid ihr denn dazu gezwungen worden?“
„Nein“, lachten die Bauleute, „alle hier sind freiwillig dabei. Und täglich werden wir mehr.“
„Und wann seid ihr fertig mit eurem Bau?“, fragte der kleine Prinz zwinkernd, „dann komme ich wieder und bringe viele Menschen mit.“
„Nein“, sagten die Bauleute, „du wirst niemanden mehr antreffen oder – du wirst niemanden mehr erkennen. Wir verändern uns hier ständig und doch bleibt alle Umwandlung ein Geschenk des Himmels.“
Ach, das verstehe ich nicht ganz, dachte der kleine Prinz, schon wieder anders, als ich mir das vorgestellt habe. Aber er sagte: „Darf ich trotzdem bei euch bleiben?“

(nach David Labusch)

Fürbitten

Gl.: Wir Menschen können säen, begießen, pflegen und einmal die Ernte einbringen. Das Entscheidende aber, das Wachstum, schenkt Gott. Darum rufen wir zu dem, der helfen kann:

Elternteil: Schenke unseren Jugendlichen zu Hause eine solche Atmosphäre des Vertrauens und der Geborgenheit, dass sie gesunde, kräftige Wurzeln bilden können.

Jugendliche/r: Hilf uns, unsere Talente, auch unseren Glauben, wie Fallschirme in die Welt zu entsenden – auch wenn wir oft noch unsicher und auf der Suche sind.

Katechet: Nicht nur wir Katecheten brauchen für unseren Dienst „Kraft aus der Höhe“. Schicke uns allen den Rückenwind deines Heiligen Geistes, denn wir haben schon genug Gegenwind.

Elternteil:	Gib den christlichen Kirchen und Gemeinschaften Geduld und Ausdauer, die jungen Pflänzchen, die den Glauben weitertragen sollen, zu hegen und zu pflegen und sie mit Sympathie und Verständnis zu begleiten.
Jugendliche/r:	Richte wieder auf, was zertreten am Boden liegt; was sich nach Sonne sehnt; was Wasser der Zuneigung braucht und fruchtbaren Boden des Vertrauens. Und lass uns dabei helfen.
Gl.:	Denn dann erfüllen wir den Auftrag deines Sohnes, der mit dir lebt und liebt in alle Ewigkeit.

Meditation

Siehe Anhang IV., Seite 153f.: 1.1, 1.11, 1.13, 2.2, 2.8.

20. Mitten im Leben stehen

Symbol Baum

Mögliche Vorbereitungen

Der Baum als Sinnbild für den Menschen bietet viele Möglichkeiten der Veranschaulichung, zum Beispiel: Ein gemalter großer Baum, dessen Wurzeln so weit reichen wie das Blätterdach; Triebe, Blüten, Früchte sind zu sehen und natürlich Blätter. Es können auch Blätter in verschiedenen Grüntönen vorbereitet sein, auf die die Eintretenden ihre Namen schreiben und die dann einige Firmlinge/Konfirmanden an dem Baum befestigen.
Denkbar ist auch ein Kreuzbaum: Zunächst sind nur die zusammengebundenen beiden Hölzer zu sehen. Die Eintretenden werden gebeten, ihre Hand auf grünen Fotokarton zu legen. Wenn die Umrisse gemalt sind, schneiden einige Firmlinge/Konfirmanden die Hände aus und andere heften sie als „Blätter" (mit doppelseitigem Klebeband) vorne ans Kreuz, sodass nach und nach der Baum des Kreuzes ausschlägt: Ein gutes Bild für die Tatsache, dass Christus auch heute unsere Hände braucht – wir brauchen dabei seinen Lebenssaft und der Christusbaum braucht auch uns, um heute zu grünen und der Welt neuen Sauerstoff zu schenken.
Die Fürbitten können in Form von Blüten an- oder aufgeheftet werden. (Früchte können an erfolgreiche Aktionen der Firmlinge/Konfirmanden in der Vorbereitungszeit erinnern). Es kann natürlich auch kurz vorher eine junge Birke geschlagen werden, die gut sichtbar im Altarraum steht.
Es bietet sich an, dass nach dem Gottesdienst zur Erinnerung an die Firmung/Konfirmation mit Gl. ein Baum gepflanzt wird. Falls die Geschichte vom Mann mit den Bäumen eingesetzt wurde, kann auch jeder Firmling/Konfirmand irgendwo eine Eichel einpflanzen oder besser einen Eichenschößling setzen; eventuell wird ein junges Bäumchen in einem Topf zum Einpflanzen überreicht.

Alternativen:
Alle Firmlinge/Konfirmanden malen einen Baum mit Wurzeln. Die Bäume werden dann an einer Kirchenwand als „Wald“ zusammengeheftet. Hier müsste gegebenenfalls der Aspekt der Gemeinschaft noch ins Sprechspiel eingebracht werden: Ein Baum steht zwischen Bäumen geschützter.
Denkbar sind auch sehr verschieden gemalte und sichtbar aufgehängte Bäume: bereits entwickelte, verdorrte, abgebrochene, blühende, fruchttragende, von Schädlingen befallene ..., deren Eigenschaften in einer Meditation auf Menschen übertragen werden.
Schließlich eine Postkarte für jeden bereithalten, die zwei Bäume in naher „Umarmung“ zeigt: Nr. 23095218 bei Fotokunst Groh, 82237 Wörthsee, Tel. 0 81 53/8 83-33, Fax 0 81 53/8 83-48.

Gottesdienstgestaltung

Bußakt

Spr.: Ohne festen Glauben erzittern wir in den Stürmen des Lebens bis in die Wurzeln.

Gl.: Herr, erbarme dich!

Alle: Herr, erbarme dich!

Spr.: Der Baum der Kirche Gottes braucht neue Blätter, die zum Sauerstoff und zur guten Atmosphäre in der Welt beitragen.

Gl.: Christus, erbarme dich!

Alle: Christus, erbarme dich!

Spr.: Wir brauchen nicht ständig zu blühen und Früchte zu bringen; wir dürfen uns auch Zeit und Ruhe lassen, um Kraft für neue Triebe zu sammeln.

Gl.: Herr, erbarme dich!

Alle: Herr, erbarme dich!

Gl.: *Lossprechungsbitte.*

Mögliche „Lesungen"

Als Kurzgeschichten eignen sich folgende Geschichten, von denen eine auch während der oft langen Firmspendung erzählt oder vorgelesen werden kann:

1) Der Mann mit den Bäumen

Ein Mann, der 1947 im Alter von 89 Jahren starb, hatte nach dem Tod seiner Frau und seines einzigen Sohnes die Einsamkeit einer versteppten Landschaft in Frankreich aufgesucht. Hier senkte er jedes Jahr Tausende kräftiger Eicheln mit einem Eisenstab in die Erde. So pflanzte er dreimal je einen Eichenwald von elf Kilometern Länge und drei Kilometern Breite – einen der schönsten Wälder Frankreichs. Die unzähligen Wurzeln hielten jetzt das Wasser fest; die Bäche füllten sich wieder, die Tiere und dann auch die Menschen kehrten in diese bislang gottverlassene Gegend zurück und überall wuchs wieder die Lust am Leben. (Ausführlicher in „Kurzg. 1", Nr. 5)

2) Ein Baum erzählt

Ein Bäumchen im Gebirge, auf schmalem Felsvorsprung, mit den Wurzeln in Felsritzen verkrallt, sagt „Ja" zu seinem schwierigen Stand, zu seiner Besonderheit, mit krummem Stamm, knorrigen Wurzeln und den kurzen, kräftigen Ästen und der herrlichen Aussicht! (Ausführlicher in „Kurzg. 3", Nr. 168)

3) Wir verkaufen nur den Samen

Siehe Vorschlag Nr. 27, Seite 99: Kurzgeschichte zu Beginn.

Lesungen: 1 Kor 3,5-11: Es kommt auf den an, der wachsen lässt;
Joh 15,5.9.12: Weinstock – Reben (Mit Jesus verbunden bleiben);
Lk 13,6-9: Der unfruchtbare Feigenbaum bekommt eine neue Chance.

Sprechspiel

Gl.: Wir schauen auf den Baum, den uns die Firmlinge/Konfirmanden jetzt deuten möchten.

1. Spr.: Der Baum ist ein Sinnbild für den Menschen: Wie dieser Baum sind wir verwurzelt im irdischen Leben; wir stehen senkrecht aufgerichtet und sind dem Himmel zugewandt. Aus dem Holz des Baumes erbaut sich der Mensch das Haus, die Wiege und den Sarg.

(Spr. 2 und 3 treten gemeinsam ans Mikrofon)

2\. Spr.: Unzählige Wurzeln halten den Baum bei Wind und Sturm. Bis in die feinsten Haarwurzeln saugt er Kraft aus der Erde. Unsichtbar sind sie für unsere Augen, aber sie halten mit die wogende Fülle.

3\. Spr. Die Wurzeln sind Gleichnis für unseren Glauben. Wir vertrauen auf den unsichtbaren Gott, der uns in den Stürmen des Lebens halten soll. So wie der Baum wächst und sich in Jahrzehnten verändert, so machen auch wir verschiedene Phasen im Glauben durch: Mal blühen wir auf, mal tragen wir Früchte, mal stehen wir leblos wie ein Baum im Winter.

(Spr. 4 und 5 treten ans Mikrofon)

4\. Spr.: Der Stamm des Baumes trägt, stützt und verbindet. Er lässt die Lebenssäfte aus der Erde fließen. Ein anderer Strom fließt mit der Kraft des Lichtes von oben nach unten. So wächst und gedeiht er.

5\. Spr.: Der unsichtbare Gott ist uns im menschgewordenen Sohn Gottes sichtbar geworden. Jesus ist es, der uns hält und stützt und tragen hilft. Wenn wir mit Jesus verbunden bleiben, bringen wir reiche Frucht – wie es im Gleichnis vom Weinstock und den Reben hieß. Die gute Nachricht im Evangelium, Brot und Wein und unser Zusammensein können die Lebenssäfte sein, die uns lebendig halten.

(Spr. 6 und 7 treten ans Mikrofon)

6\. Spr.: Die Baumkrone verzweigt sich in Ästen und Zweigen, die Blätter, Blüten und Früchte tragen. In einem geheimnisvollen Prozess verwandeln die Blätter verbrauchte Luft in neuen Sauerstoff, der Mensch und Tier erfrischenden Atem schenkt.

7\. Spr.: Auch wir Menschen entfalten uns und entscheiden, ob wir Blätter, Blüten und Früchte tragen: Wir können unsere Talente einbringen oder sie verdorren lassen. Wir können wie der Baum zum Hoffnungszeichen an der Straße des Lebens werden, wenn wir bereit sind zum Teilen und Verschenken. „Ihr seid auch meine Hände heute in der Welt“, sagt Jesus Christus und meint damit, dass er auch durch uns die Atmosphäre unter den Menschen zum Guten verändern will.

(Spr. 8 und 9 treten ans Mikrofon)

8\. Spr.: Der Baum – ein Wunder der Schöpfung. Seine Blätter tanzen in wogender Freude, wenn der Wind es will. In seinem Geäst erklingt das Konzert der Vögel. Er bietet vielen Tieren Herberge. Sein Blätterdach wirft unterschiedslos Schatten über den Wanderer – ob reich oder arm, groß oder klein, schwarz oder weiß.

9\. Spr.: Im Empfangen und Schenken, in der Gastfreundschaft wachsen auch wir über uns hinaus. Die Lebenskraft, die alles am Leben erhält, ist dabei Gottes Heiliger Geist: Er ist der Lebenssaft, der uns lebendig hält. Er ist auch der lebendige Atem, der uns den Geist Jesu Christi ins Gesicht bläst. Wenn wir uns darauf einlassen, spürt die Kirche frischen Wind; schließen wir keinen aus, werden wir Heimat für viele.

Predigt

Darin eventuell: Wir brauchen dazu keine großartigen Leistungen zu vollbringen, wir brauchen nur die Verbundenheit mit dem Weinstock. Dann reifen die Früchte wie von selber. Wie entsteht diese Verbundenheit? – Vielleicht kann Gl. auch aus seinem eigenen Leben etwas vom Ringen in den Stürmen des Lebens erzählen.

Fürbitten

(Nach der jeweiligen Fürbitte kann eine große Blüte als Bitte, Wunsch oder Traum an den Baum geheftet werden.)

Gl.: Vater im Himmel. Dein Sohn ließ uns nicht als Waisen zurück. Er hat uns den Heiligen Geist als Beistand gesandt. In ihm bitten wir dich:

1. Ein Lebensbaum braucht eine feste Verwurzelung in Familie, Freundschaften und Heimat. Schenke allen Christen eine feste Verankerung im Glauben an dich und deinen Sohn und im Zusammenhalt in den Gemeinden. – *Liedruf*

2. Ein Lebensbaum braucht einen festen Stamm, der belastbar und tragfähig ist. Lass die Christen in der Verbindung mit deinem Sohn sich gehalten und getragen fühlen. – *Liedruf*

3. Ein Baum kann ohne Äste und Blätter keine schützende Baumkrone ausbreiten. Steh den christlichen Gemeinschaften bei, damit sie Zufluchtsort werden für Suchende und Verzweifelte, für Unerwünschte und Abgeschriebene, für Kranke und Sterbende. – *Liedruf*

4. Immer wieder bricht ein Zweig ab und reißt der Sturm Blätter ab. Hilf allen, die den Kontakt zur Kirche verloren haben, in Glaubenskrisen und Nöten unterstützende Menschen zu finden. – *Liedruf*

5. Ein Baum verliert im Herbst seine Blätter, um im nächsten Jahr aufs Neue aufzublühen. Lass uns Krisen in uns und in der Kirche als ein neues Sammeln von Kräften verstehen. – *Liedruf*

Gl.: Dann, Herr, loben und ehren wir dich, den Geber aller Gaben – durch Christus, unseren Herrn.

Alternative:

Dank und Fürbitte

1. Spr.: Hier steht ein junger Baum. Mit ihm will ich dir, Gott, danken, dass du mich hast so werden lassen, wie ich bin: einmalig, unverwechselbar. – Wir bitten dich, dass sich durch jeden von uns dein Anruf entfalten kann.

2. Spr.: Ich bringe Erde. Mit ihr will ich dir, Gott, danken für meine Eltern, durch die du mich ins Leben gerufen hast; für meine Umgebung, in der ich aufgewachsen bin. – Wir bitten für unsere Kirchengemeinden. Lass sie Boden für viele Berufungen sein.

3. Spr.: Ich bringe Wasser. Mit ihm will ich dir, Gott, danken für das Leben aus der Taufe. – Wir bitten dich für unsere Kirche. Lass sie in der Lebendigkeit des Heiligen Geistes frisch und mutig das Leben in Fülle bezeugen.

4. Spr.: Ich bringe einen Stützpfahl. Mit ihm danke ich dir, Gott, für alles, was Leben und Wachsen stärkt: menschliche Wärme, Bindung und Freiheit. – Wir bitten dich für alle, die ihren Halt verloren haben und in der Gefahr stehen, vom nächsten Sturm abgeknickt zu werden. Lass sie Menschen finden, die ihnen ehrlich und in Treue zur Seite stehen.

5. Spr.: Ich bringe die Früchte eines Baumes *(zum Beispiel eine Schale mit Nüssen).* Mit ihnen danke ich dir, Gott, für alles, was du aus unseren Mühen hast fruchtbar werden lassen. – Wir bitten dich für alle, die selbstlos und hilfsbereit ihre Talente in den Dienst der Gemeinschaft stellen und so vielfältige Früchte reifen lassen.

Meditation nach der Kommunion

Jugendliche/r:

Gedanken, wenn der Blick auf einen alten Baum fällt:
Du hundertjähriger Baum
voller Zweige und Sprosse,
als seist du erst halbwüchsig,
ich sehe dich gern.
Lehre mich das Geheimnis, so zu altern:
offen fürs Leben, für die Jugend, für Träume
wie einer, der weiß,
dass Jugend und Alter nur Wegstrecken
sind zur Ewigkeit.
Und sei du, Heiliger Geist,
in diesem Werden und Vollenden
unser Begleiter.

(Helder Camara)

21. Sich von der Mitte halten lassen

Symbol Baumscheibe

Vorbereitungen

1. Jeder Firmling/Konfirmand erhält den Querschnitt eines Baumstammes von 10–12 cm Durchmesser und ca. 2–3 cm Dicke (das Holz muss trocken sein, sonst reißt es mit der Zeit!). Darauf malt er mit Plakafarbe „sein“ Motiv mit dem Datum des Festtages.
2. Für jede/n Teilnehmer/in am Gottesdienst kann eine Holzscheibe von ca. 3–4 cm Durchmesser gesägt werden (die versehen mit einem kleinen Loch als Schmuck um den Hals gehängt werden kann).
3. Eine Baumscheibe mit besonders großem Durchmesser für die Predigt besorgen.

Lesungen: Apg 2,43-47: Eine Gemeinschaft von Gleichgesinnten macht stärker; Joh 15,1-5: Fest mit Jesus verbunden bleiben (Weinstock – Reben).

Hinführung

„Ich lebe mein Leben in wachsenden Ringen, die sich über die Dinge ziehn ...“, beginnt Rainer Maria Rilke ein Gedicht. Heute legen wir mit diesem Fest einen neuen wichtigen Ring über unser bisheriges Leben und über unsere „Mitte“.

Predigt

(Gl. zeigt eine große Baumscheibe)

1. Wenn du auf dein noch relativ kurzes Leben zurückblickst, dann entscheide selbst, ob du **trockene oder feuchte Jahresringe** erlebt hast. Es gab jedes Jahr zu Hause, in der Schule oder am Arbeitsplatz ein Reifen und Verändern deines

Lebensbaumes. Hattest du genug Platz, dich zu entfalten? Standest du im Schatten anderer? Wurdest du laufend zurechtgestutzt oder beschnitten oder fühlst du jetzt deinen jungen Stamm schon kräftig und widerstandsfähig, dass er Stürmen trotzen kann? Ich wünsche es dir und euch!

2. Die **innersten Ringe** sind das Rückgrat des Baumes. Es war wichtig, ob du dich da, wo du standest oder jetzt stehst, geborgen fühltest, angenommen, begleitet, gefördert ... Es ist sehr schwer, Wunden zu heilen, weil sie bereits von neuen Jahresringen überwachsen sind. Löcher oder faule Stellen bohren ganz tief innen in der Seele und lassen sich schlecht beseitigen. In *der* Zeit war es auch wichtig, dass in dir das Vertrauen auf einen anderen gewachsen ist, der dich seit der Taufe an die Hand nehmen will – wenn du das willst. Wenn da auch nur ein Loch zu finden ist, dann stehen solche Festtage wie heute in der Gefahr, nur ein goldener äußerer Rahmen zu sein, der dich innerlich langweilt oder verständnislos den Kopf schütteln lässt. Oder du legst froh und bewegt diesen Ring um dich, der dich „firm" macht, stark, mutiger, gelassener, erfüllter.

3. Unter der Rinde des Baumes liegt das so genannte Kambium, eine hauchdünne Schicht, die ein zeitlebens teilungsfähiges Pflanzengewebe birgt, das **den neuen Jahresring** bildet. Wenn du das heutige Festgeheimnis mit einarbeitest, das heißt auch deinen Glauben in die Tagesereignisse einbringst und auswirken lässt, dann wächst in dir ein Christ mit Rückgrat heran, der die Stürme des Zweifelns oder die Schwierigkeiten verzwickter Lebensfragen nicht zu fürchten braucht.
   Wir hören dazu einige Aussagen von Christen, denen Jesus und sein Geist dabei entscheidend wichtig war:
   Eine Ordensfrau: Es ist unwichtig, ob ich predige oder unterrichte, Kranke pflege oder koche, jung oder alt bin. Entscheidend ist: Mein Leben ist ganz von der Liebe zu Christus geprägt.
   Bonhoeffer: Von guten Mächten wunderbar geborgen, erwarte ich getrost, was kommen mag. Gott ist mit uns am Abend und am Morgen und ganz gewiss an jedem neuen Tag.
   Ein Papst: Bloße Menschenfreundlichkeit genügt nicht, obwohl das schon eine ganze Menge ist. Die Menschen sollen spüren, dass durch uns ein Anderer wirkt. *(Johannes Paul II.)*

Wir, die wir euch vorbereitet haben, wünschen euch einen festen Stamm, der aus der Mitte gehalten wird und einen Wald von anderen Bäumen, eine Gemeinschaft, die einander schützen kann. Denn wer weiß, welche Stürme hereinbrechen?

Fürbitten

Siehe Anhang III., Seite 148f.

Meditation

Siehe Anhang IV., Seite 154f.: 1.5, 1.11, 1.13, 2.5, 2.7, 2.8.

22. Ein neuer Geist im Miteinander

Symbol Mobile

Vorbereitungen

1. Ein großes Mobile von der Decke hängen lassen (wie ein Adventskranz). Darunter wird die Osterkerze oder eine große Flamme oder ein Gebläse gestellt, sodass das Mobile ständig in Bewegung ist. Die beweglichen Teile des Mobiles können mit Symbolen geschmückt sein, die für ein harmonisches Zusammenleben wichtig sind: Frieden = Taube mit Zweiglein im Schnabel; Internationalität = Regenbogen; Glauben = Kreuz; Liebe = Herz; Versöhnung = ineinandergefügte Hände; (olympische Ringe = Sport vereint); Musiknoten = Musik bringt zusammen ...

2. In Erinnerung an die Taufkerze erhalten die Jugendlichen eine Kerze, die sie mit Symbolen der Harmonie und des Friedens mit Wachs verzieren, zum Beispiel oben genannte Motive, aber auch Taube mit Heiligenschein = Geisttaube; Sonne (= Gottvater) mit Strahlen (= Jesus) zur Kirche hin (= hier wirkt Heiliger Geist); Mensch–Tier–Pflanze = Schöpfung, die aufeinander angewiesen ist.

Lesungen: Röm 12,10-21: Wie ein Miteinander gelingen kann;
1 Kor 12,4-11: Verschiedene Gnadengaben – ein Geist;
Lk 4,16-21: Der Geist des Herrn ruht auf mir;
Joh 14,15-17; 15,26-27: Gottes Geist wird kommen;
Joh 15,9-17: Bleibt in meiner Liebe.

Kurzgeschichte: Wenn der Faden „nach oben" reißt ...

Die Spinne

Eines schönen Morgens glitt vom hohen Baum am festen Faden die Spinne herab. Unten im Gebüsch baute sie ihr Netz, das sie im Laufe des Tages immer großartiger entwickelte und mit dem sie reiche Beute fing.
Als es Abend geworden war, lief sie ihr Netz noch einmal ab, um es auszubessern. Da entdeckte sie auch wieder den Faden nach oben, an dem sie heruntergestiegen war. Sie hatte ihn in ihrer betriebsamen Geschäftigkeit ganz „vergessen". Da sie schlecht gelaunt war und auch nicht mehr wusste, wozu er diene, hielt sie ihn für überflüssig und biss ihn kurzerhand ab. Sofort fiel das Netz mit ihr in die Tiefe und umwickelte sie wie ein nasser Lappen.

(Nach Jörgensen, Dichter aus Dänemark)

Vorstellen der Jugendlichen

Wenn die Jugendlichen eine verzierte Kerze in Erinnerung an die Taufe mitgebracht haben, treten sie nach vorne, entzünden an der Oster- oder einer Jesuskerze ihr Licht, erklären ihre Bereitschaft, in der Gemeinde Verantwortung zu tragen und stellen dann ihre Kerze unter das Mobile. (Vorsicht: Die Kerzen nicht zu eng stellen!) Sie übernehmen jetzt die Funktion der Osterkerze und halten das Mobile darüber in Bewegung.

Gespräch über das Mobile mit Jugendlichen

Gl.: Da habt ihr euch echt Mühe gegeben, so ein großes Mobile zu basteln und auch fachgerecht anzubringen. Danke!

1.: Ehrlich, wir hätten nicht gedacht, dass ein Mobile so viel von dem Geist aussagen kann, um den das Fest heute kreist. Bei so viel Ungeist in der Welt kann man sich nicht klar genug vor Augen führen, wie ein harmonisches Miteinander in der Welt nah und fern möglich werden kann.

2.: Das Mobile bedeutet also unsere ganze Welt. Und der Heilige Geist in Gestalt der Wärme, die aufsteigt (oder: in Gestalt des Windes aus dem Gebläse), ist auch gut sichtbar gemacht: Wie toll er alles in Bewegung hält! Wir wären ja eine sehr bewegte Gemeinde, wenn wir uns wirklich auf ihn einließen; nicht wie Ausstellungsstücke in einem Museum, die keine Veränderung wollen – manchmal jedenfalls.

Gl.: Vor allem zeigt das Gleichnis des Mobile sehr schön: Wenn einer hingeht und den Faden nach oben abschneidet, dann fällt die ganze Pracht herunter, dann ist alles zerstört. Gott hält alles fest wie der Nagel das Bild. Aber wer macht sich das so klar?

1.: Alle Elemente des Mobiles sind miteinander verbunden. Keines existiert mehr für sich selbst. Auch wir sind abhängig voneinander, miteinander verbunden. Ein Börsenkrach in Japan – und die Banken in Frankfurt und London zittern!

2.: Und was mich fasziniert: Trotzdem kann jedes Element ein wenig seine eigenen Bahnen ziehen! Kleine Elemente werden von größeren gehalten, selbst wenn sie sich nur um sich selbst drehen. Die größeren müssen solidarisch die kleineren halten. Alle sind aufeinander angewiesen und keiner darf auf Kosten des anderen existieren.

1.: Aber Gemeinschaft heißt nicht Gleichmacherei: Wir dürfen manche Elemente eine eventuelle Abhängigkeit nicht spüren lassen.

Gl.: Das waren ja große Fehler in der Kirchengeschichte: Wenn Mission in Asien, dann nur nach lateinischem Muster …! Das ist mittlerweile Gott sei Dank anders. Und wir wären überheblich, wenn wir die Missionsgebiete, vor allem in ärmeren Ländern, mit Almosen aus der großen Geldtasche versorgen würden. Innerlich sind die Basisgemeinden mittlerweile viel christlicher und stärker als unser „Missionsgebiet“, die Kirche in Europa.

2.: Wird ein neues Element dazugehängt, verlassen alle ein wenig ihren angestammten Platz und pendeln sich neu ein. Beim Mobile ist das sehr verständlich, aber bei Neuzugezogenen bemerken die Eingesessenen oft nichts von der Chance und verteidigen ihre Positionen. Für ein neues Gesicht auch ein wenig beiseite rücken – das ließe das harmonische Miteinander hier und in der Nachbarschaft, in einer Klasse oder am Arbeitsplatz leichter gelingen.

1.: Sieh mal, die Elemente bewegen sich ständig, ohne sich zu berühren. Wenn aber ein Sturm käme – darunter verstehe ich Vorurteile, Dummheit, krasse Auseinandersetzungen – , dann würden sich die dünnen Fäden der Elemente verheddern. Was das für eine Arbeit ist, die Fäden wieder zu entwirren, ohne sie zu zerreißen, das ahnt wohl jeder.

Gl.: Wir haben in den Texten aus der Heiligen Schrift gehört, wie ein Miteinander gelingen kann – in Harmonie und in einem neuen Geist, der Gemeinschaft stiftet *(hier näher auf einige Passagen und auf die Abbildungen auf den Elementen eingehen).* Wir alle, die euch auf die Firmung/Konfirmation vorbereitet haben und die ganze Gemeinde, würden uns freuen, wenn ihr jungen Leute euch über diesen Tag hinaus diesem Geist verpflichtet fühlt. Unsere Kirchengemeinde braucht dringend einen neuen Geist, der bewegt und in Frage stellt und das Miteinander gelingen lässt.

Fürbitten

Siehe Anhang III., Seite 148f.

Meditation

Siehe Anhang IV., Seite 153f.: 1.1, 1.3, 1.11, 1.13, 2.2, 2.3, 2.5, 2.8.

23. Dürrem gieße Leben ein!

Symbol Brunnen

Vorbereitungen

1. Die Jugendlichen können ein Riesenposter zu den Themen erstellen: sauberes – verschwendetes – verschmutztes Wasser.
2. Ein großer Brunnen ähnlich der Abbildung ist gemalt oder jede/r erhält die Karte mit dem Motiv der Abbildung Nr. 24 35 45 von Fotokunst Groh, 82237 Wörthsee, Tel. 0 81 53/8 83-33, Fax 0 81 53/8 83-48.
3. Die Missio-Leuchtbox zeigt auf der Folie Nr. 42-3 eine sprudelnde Quelle.
4. Poster und Dia des Holzschnitts „Aussendung des Geistes" von Thomas Zacharias, Kösel-Verlag, München in überörtlichen Ausleihstellen erfragen.
5. Eventuell kleine Brunnen oder Gefäße für jede/n Teilnehmer/in töpfern.

Lesungen: Ex 17,1-7: Mose schlägt Wasser aus dem Felsen;
1 Kor 10,1-4: Alle tranken aus dem Leben spendenden Felsen Christi;
Ez 47,1-6a: Der Prophet Ezechiel sieht im Traum, wie die harten Mauern des Tempels flüssig werden, bis das lebendige Wasser Menschen tragen kann;
Joh 4,4-15: Das Wasser, das ich gebe, wird in ihm zur sprudelnden Quelle;

Joh 7,37-39a (= Evangelium vom Vorabend von Pfingsten): Jesus rief im Tempel: Wer Durst hat, komme zu mir!
Joh 19,31-34: Aus Jesu Seite flossen Blut und Wasser heraus.

Begrüßung

Ohne Wasser kein Leben. Ein Symbol für Gottes guten Geist ist seit altersher das lebendige Wasser, das uns in der Taufe (aus dem Wasser und dem Heiligen Geist) wiedergeboren hat. Darum wird der Heilige Geist auch „Lebensbrunn" genannt (GL 245,2) und in der 8. Strophe von GL 244 heißt es: Dürrem gieße Leben ein.

Bildmeditation

(mit oben genannter Karte)

Ein Strahl klaren Wassers ergießt sich in die Brunnenschale, die – schon gefüllt – überfließt und der Umgebung Wasser zum Leben schenkt.
Ein wunderbares Bild für das, was heute hier unsichtbar geschieht.

1. Zuerst sind wir Beschenkte: Von Eltern, Geschwistern, Lehrerinnen und Lehrern, eigentlich allen, mit denen wir zu tun haben oder denen wir begegnen, wird unsere Brunnenschale gefüllt. Nicht zuletzt von Gott, der uns das Leben schenkte und uns oft genug über Menschen unzählige Tropfen seiner Gnadengaben zukommen lässt. Dafür immer wieder „danke" zu sagen, bewahrt uns davor, dass die Augen erblinden und wir unzufrieden, ja gleichgültig oder mürrisch werden.

2. Der Brunnen zeigt sehr schön, dass zunächst unsere Brunnenschale gefüllt werden muss, bevor sie etwas hergeben kann. Ihr jungen Menschen dürft euch also zuerst einmal selber lieben, ein „Ja" zu euch selbst sagen – wie es im Hauptgebot heißt: „... lieben wie sich selbst." Damit meine ich nicht das breite Ich, das manche entwickeln und das unfähig macht, später ein paar Tropfen der Nächstenliebe weiterzugeben; ich meine nicht den Egoismus, die Selbstliebe, sondern die Eigenliebe. Sie macht mich erst fähig, Raum zu schaffen für die Nächsten- und Gottesliebe. Hier überfordern wir Erwachsene manchmal junge Menschen: Wir meinen, jetzt sollen die doch endlich mal ran und was zeigen, aber die Jugendlichen selbst fühlen sich noch leer und dürr, lechzend nach dem Wasser der Anerkennung und des Lobes. Auch Erwachsene dürfen bei sich selbst vorsichtig sein: Wer immer nur gibt und nicht Zeit für sich selbst oder Geduld mit sich selbst hat, der teilt unter Umständen Schlamm aus und niemand sagt es ihm.
   Also, liebe Jugendliche, lasst euch Zeit dabei, euren Brunnen zu füllen. Solange einer „Nein" zu sich selbst sagt, vor dem Spiegel mit sich und seinem Gesicht kämpft, solange kann er auch noch nicht richtig zu einem anderen oder zu Gott „Ja" sagen. Und wer sich selbst nicht riechen kann, der stinkt auch anderen. Oder wie Hermann van Veen es ausdrückt: „Hilf mir, zu mir selbst zu finden, dann find' ich auch zu dir." Erst nach dieser Phase hat der Spruch unter der Karte Gültigkeit: „Lass mich die Liebe, von der ich leb', liebend an andere weitergeben."

3. Danach darf und soll das Wasser über den Brunnenrand fließen und die Umgebung fruchtbar machen. Empfangen und Geben – das erst macht zufrieden und erfüllt. Dann haben wir und andere Zukunft. Komm, Heiliger Geist, lass mich weitergeben, was ich letztlich von dir empfange.

4. Zuletzt noch ein Vergleich, den der heutige Tag nahe legt: Wie weit bin ich noch vom lebendigen Wasser der Kirche gefüllt? In der Taufe empfing ich den ersten Guss in meine Lebensschale. Kamen noch viele hinzu? Bin ich bereit oder fähig, etwas davon weiterzugeben? Denn der Geist Gottes möchte, dass wir hinausgehen und die „Sache Jesu", seine Anliegen, als erfrischende, Leben spendende Botschaften in die Welt tragen. Du stehst an einer Lebenswende, das ist der Auftrag dieses Tages! Wir hörten es ja in der Lesung des Ezechiel. Auch wir sind aufgerufen, manche alten Quader der Kirche wieder flüssig zu machen, damit der Strom einer lebendigen Kirche uns und andere tragen kann. Komm, Heiliger Geist, und gieße in manche Felder unserer Seele wieder neues Leben ein!

Fürbitten

Gl.: Eine Klimakatastrophe bedroht nicht nur unsere Erde. Wir spüren Trockenheit auch oft in unserer Kirche:

1. Schenke den Suchenden in den christlichen Kirchen lebendiges Wasser und spüle die alten Quader falscher Traditionen fort. – *Liedruf*

2. Gib den christlichen Gemeinden und besonders uns jungen Leuten frischen Schwung, der Freude und Begeisterung zulässt. – *Liedruf*

3. Erfrische alle, die in Leid und Not vor dem Versiegen stehen, mit dem lebendigen Wasser deines Sohnes. – *Liedruf*

4. Lass unsere Lebensschalen offen und bereit sein, damit andere aus ihnen schöpfen können. – *Liedruf*

Gl.: Denn dann erfüllt uns der Geist Gottes durch Christus, unseren Herrn.

Meditation

1. Spr.: Sag ja zu dir, so wie du bist.
Nur wer barmherzig mit sich ist,
ist's auch zum andern neben sich.
Gott will, dass du ihn liebst wie dich.

2. Spr.: Sei gut zu dir und nimm dich an.
Nur wer sich selber lieben kann,
liebt auch den anderen neben sich.
Gott will, dass du ihn liebst wie dich.

3. Spr.: Entdecke dich und deinen Wert.
Nur wer die eigenen Gaben ehrt,

ehrt auch den anderen neben sich.
Gott will, dass du ihn liebst wie dich.

4. Spr.: Vergib dir Fehler und Fragment.
Nur wer die eignen Grenzen kennt,
vergibt dem anderen neben sich.
Gott will, dass du ihn liebst wie dich.

5. Spr.: Gott nimmt dich an und ist dir gut.
Gib weiter, was er Gutes tut,
an deinen Nächsten neben dir.
Dann wird aus ich und du ein Wir.

(Detlev Block, In Deinen Schutz genommen. Geistliche Lieder, Verlag Vandenhoeck & Ruprecht, Göttingen 1980)

Vgl. auch den Gottesdienstvorschlag Nr. 7, Seite 23f.

24. Schenk uns ein brennendes Herz!

Symbol Herz

Hinweis: Beachten Sie als Alternative die Vorschläge Nr. 3 bis 5.

Vorbereitungen

Für jeden eine kleine, rote Dose in Herzform, die von einer Kerze ausgefüllt ist; für ca. 50 Pfennig im Handel zu beziehen, z.B. bei Hach-Werbepräsente, Postfach 70, 64398 Groß-Bieberau, Tel. 0 61 62/8 03-88, Fax 0 61 62/8 03-31; Artikel-Nr. 027986 (Herzdose mit Duftkerze, 48er-Set). Oder die Jugendlichen gießen Wachsherzen mit einem Docht darin.
Die Osterkerze oder Jesus-Kerze steht brennend im Altarraum.

Lesungen: Ez 36,26-28: Ich nehme das Herz von Stein aus eurer Brust;
1 Joh 3,19-24: Wenn uns das Herz auch verurteilt – Gott ist größer als unser Herz;
Joh 8,1-11: Wie ging Jesus mit Steinen um? Die Ehebrecherin ...;
Lk 15,11-32: Jesus erzählt das Gleichnis vom barmherzigen Vater, der seine Arme für jeden ausgebreitet hält.

Kurzgeschichten

Negativ: **Wir gleichen den Kieselsteinen**

Ein Inder saß eines Tages am Ufer eines Gebirgsbaches im Himalaja. Er schaute auf die Wellen, freute sich über das klare Wasser und holte schließlich einen Kie-

selstein aus dem Flussbett. Einen schönen, runden, harten Stein. Er zerschlug ihn und stellte fest, dass er innen völlig trocken war. Der Stein hatte doch Jahrhunderte, Jahrtausende im Wasser gelegen, doch es war nicht ins Innere vorgedrungen. Und er begann zu meditieren: Ist es nicht ebenso mit uns Menschen? Umflutet von den Segnungen der Religionen sind die Menschen doch so hart geblieben! Die Schuld liegt offenbar nicht an den Religionsstiftern oder ihren Lehren, sondern an denen, deren Herzen verhärtet sind!
Als er dieses Gleichnis einem christlichen Missionar erzählte, wurde dieser traurig und einsilbig. Der Inder hatte den Finger auf die Wunde gelegt. Doch da umarmte er ihn und murmelte: „Es geht uns allen so, allen Menschen aller Religionen! Wir gleichen den Kieselsteinen im Bergbach ...“.

Positiv: **Streichhölzer im Stadion**
Als der amerikanische Evangelist Billy Graham vor Jahren in Berlin im Olympiastadion sprach, versuchte er, seinen zigtausend Hörern die Wirksamkeit des Lichtes überzeugend deutlich zu machen. Er ließ alle Lampen des Stadions löschen und bat alle, die Streichhölzer und Feuerzeuge bei sich trugen, auf ein gemeinsames Zeichen hin diese zu entzünden. Für einen Augenblick war das Stadion in helles Licht getaucht ... Er sagte noch: „Ich erinnere mich, dass wir während unserer Ausbildungszeit beim Militär vorexerziert bekamen, wie weithin sichtbar eine brennende Zigarette ist. Der Soldat stand auf einem Berge und wir lagen einige Kilometer davon entfernt im Tal. Jedesmal, wenn er einen Zug tat, leuchtete die Zigarette wie eine Taschenlampe auf.“

(Aus: Reinhold Ruthe, Ich habe eben noch mit IHM gesprochen, Breklumer Verlag, Breklum 1971)

Meditation/Predigt

Wir nehmen das Herz in die Hand und öffnen es: Was brennen könnte, ist noch starr – fast wie zu Stein geworden.
Wo zeige ich mich stur und kalt? Was hat mich hart gemacht: Selbstmitleid, Überforderung, depressive Augenblicke, Zweifel an mir und auch an Gott?
Wo lebe ich momentan wie in einer Eiszeit: Zu Hause, in der Schule, am Arbeitsplatz? Kann ich Worte wie Steine herausschleudern, die verletzen? Wen strafe ich mit einem versteinerten Gesicht, mit eisigem Schweigen? Bin ich hart wie ein Stein, wenn es ums Teilen geht? Bin ich momentan ein toter Stein in den lebendigen Steinen, die eine Kirche braucht?
Über unsere Körperwärme ist das Wachs in der Herzdose schon weicher geworden. Riecht einmal: es geht Duft von ihm aus. Gott möchte uns sogar ein brennendes Herz schenken! *(Hier auf die ausgewählten Schriftstellen eingehen).*
Wer bereit ist, das Versteinerte abzulegen, lässt Gottes Heiligen Geist zu. Während wir das Lied singen „Komm, Schöpfer Geist“ (GL 245, zum Beispiel 4. Strophe: Zünd an in uns des Lichtes Schein, vgl. EG 126, 3. Strophe) oder „Komm herab, o Heilger Geist“ (GL 244, 8. Strophe: Wärme du, was kalt und hart), werden die Herzen vom Licht der Osterkerze her entzündet.

Achten wir darauf, wie das Licht zu uns gelangt: im Empfangen und Geben, im Geben und Empfangen – wie in einer echten Partnerschaft.
Wir schauen in die Flamme unseres brennenden Herzens. So will es der Heilige Geist: Ein entflammtes Herz; ein liebendes Herz, ein frohes, freundliches, barmherziges Herz – wie das des Vaters im Gleichnis vom verlorenen Sohn, wie das unseres Herrn Jesus Christus, der sterbend am Kreuz die Arme ausgebreitet hält, als wolle er uns zurufen: Komm doch in meine Arme – so wie du bist!
Dann kann ich als Antwort auch mein Herz brennen lassen, auch die Flamme des Glaubens weitertragen in manche Dunkelheit, in manche Herzensenge. Selbst wenn mein Flämmchen schon mal rußt und unsere Glaubensüberzeugung ängstlich flackert.

Fürbitten

Gl.: Wir rufen zu dem, der die Herzen der Jünger entflammte: Komm, Heiliger Geist!

Elternteil: Vertreibe die eisige Kälte aus manchen Häusern und Gemeinschaften, die ein Wachsen der Seele in Kindern und Jugendlichen nur bedingt möglich machen. – *Liedruf*

Katechet: Schenk den staatlichen und kirchlichen Behörden ein mitfühlendes Herz, damit sie nicht nur nach Prinzipien ein Problem beurteilen. – *Liedruf*

Jugendliche/r: Entflamme in uns Jugendlichen die Begeisterung, die Botschaft von einem barmherzigen Jesus in die Welt zu tragen. – *Liedruf*

Jugendliche/r: Schenke uns ein Herz aus Fleisch, das Mitleid hat mit den Ärmsten der Armen – in der so genannten Dritten Welt und in unseren Hinterhöfen. – *Liedruf*

Jugendliche/r: Entzünde ein Fünkchen Freude in den Herzen all derer, die durch Überforderung, Depression oder Selbstzweifel mutlos und gefühllos geworden sind. – *Liedruf*

Jugendliche/r: Lass dein ewiges Licht denen leuchten, die schon von dieser Welt Abschied nehmen mussten und die wir gern wiedersehen möchten. – *Liedruf*

Gl.: Ja, Herr, lass den Tag kommen, an dem es für alle Menschen eine Freude ist, zu dir zu gehören und dein Reich des Friedens und der Gerechtigkeit vollendet wird. Darum bitten wir durch Christus, unseren Herrn.

Meditation gegen Ende des Gottesdienstes

Siehe unter den Gottesdienstvorschlägen Nr. 4 bis 5: Seite 16 und 21.

25. Versöhnung mit allen

Symbol Regenbogen

Vorbereitungen

1. Kleine Regenbögen – als Button oder zum Stellen – werden gebastelt und bemalt und zum Friedensgruß verteilt.

2. Sieben Bögen mit den Farben des Regenbogens (siehe Sprechspiel) werden auf Papier gemalt oder aus Holz gesägt und bemalt und beim Sprechspiel zusammengefügt. (Wenn Ihnen der Weg nicht zu weit ist, können Sie einen aus Holz bei mir ausleihen: Willi Hoffsümmer, Glescher Str. 54, 50126 Bergheim-Paffendorf, Fax 0 22 71/4 38 57.)

3. Eventuell eine Postkarte mit Regenbogen für jeden bereithalten: Nr. 23095 233, Fotokunst Groh, 82237 Wörthsee, Tel. 0 81 53/8 83-33, Fax /8 83-48.

Lesungen: Gen 9,12-17: Der neue Bund mit Gott;
Joh 17,20-26: Sie sollen eins sein, wie wir eins sind.

Sprechspiel

(Sieben Jugendliche bringen nacheinander jeweils eine Farbe des Regenbogens, der so von oben nach unten entsteht. Reihenfolge der Farben: rot, orange, gelb, grün, blau, indigo, violett.)

Gl.: Jugendliche werden für uns jetzt sieben Farben zusammenfügen, die einen Regenbogen entstehen lassen. Wie ein Regenbogen in jedem Land der Erde aufleuchten kann – ungeachtet seiner Religion oder politischen Ausrichtung –, so ist dieses Symbol ein wunderbares Gleichnis für den Geist Gottes, der innerhalb und außerhalb der christlichen Kirchen und politischen Überzeugungen wirkt. Allerdings muss er auf Menschen treffen, die sich ihm öffnen.

1. Spr.: *(mit dem roten Bogen)*
Ich bringe die Farbe des Blutes, der Gefahr, der Tapferkeit. Die Farbe der Leidenschaft und Liebe. Die Farbe auch des Heiligen Geistes, der oft mit flammenden Feuerzungen dargestellt wird. Die Welt bleibt trostlos, wenn sie nicht von Gottes Geist und der Liebe durchdrungen wird. *(heftet den Bogen auf)*

2. Spr.: *(mit dem orangfarbenen Bogen)*
Die Farbe Orange lässt uns an wohlschmeckende, saftige Orangen denken – Garant für Gesundheit. Oder auch an die Strahlen einer untergehenden Sonne, die nach vollbrachtem Tagewerk Freude schenkt – Vorfreude, die uns träumen lässt von einer besseren Welt, in der alle Menschen etwas zu lachen haben. *(Bogen anheften)*

3. Spr.: *(mit dem gelben Bogen)*
Ich bringe die Farbe des Sonnenlichtes, der Sonnenblume und des Löwenzahns, der Rapsfelder und der Zitronenfalter. Wer die Strahlen der Sonne verteilen hilft, arbeitet mit an einer gerechteren Welt. *(Bogen anheften)*

4. Spr.: *(mit grünem Bogen)*
Grün tut den Augen gut. Sie ist die Farbe, die am häufigsten vorkommt: Bäume, saftige Wiesen und die keimende Saat schenken immer neue Hoffnung, dass unsere Lebensbäume Zukunft haben. So leben wir auch in der Zuversicht, dass Jesus Christus wiederkommt, um unsere Bemühungen zu vollenden. *(Bogen anheften)*

5. Spr.: *(mit blauem Bogen)*
Die blaue Farbe erinnert an Himmel und Meer, an Vergissmeinnicht und Kornblume, Enzian und Rittersporn. Das Leben spendende Wasser erinnert uns auch an die Taufe, die erste Begegnung mit Jesus Christus. Sein Heiliger Geist will uns heute beflügeln, an einer besseren Welt mitzubauen. *(Bogen anheften)*

6. Spr.: *(mit indigoblauem Bogen)*
Dieses Indigoblau erinnert an Glaube und Vertrauen, die Berge versetzen können. Auch Gott steht in Treue zu seinem gegebenen Wort, uns Menschen zu lieben; beflügelt von dieser Zusage dürfen wir alles wagen – in Gottes Gegenwart. *(Bogen anheften)*

7. Spr.: *(mit violettem Bogen)*
Mit der violetten Farbe vollende ich den Regenbogen. Die Farbe erinnert an Veilchen und Flieder. Diese Farbe auch des Mystischen strahlt Ruhe aus: Ruhe, um sich selbst zu finden; Ruhe, um Gott und Menschen zu begegnen. Violett ist aber auch die Farbe der Umkehr und des Warten-Könnens, der Verzeihung und Versöhnung. (Unter der violetten Stola des Priesters werden in der Beichte Sünden vergeben.) *(Bogen anheften)*

Gl.: Der Regenbogen ist vollendet: Symbol des Neuen Bundes mit Gott und der Versöhnung über alle Grenzen hinaus. In seiner Nähe dürfen wir von Gleichheit, Freiheit und Geschwisterlichkeit träumen – bis der neue Himmel und die neue Erde sichtbar werden.

Fürbitten

Gl.: Wir rufen zu Gott um ein besseres Morgen und bitten:

1.: Das Rot im Regenbogen: Farbe der Liebe und des Lebens(blutes). Lass vor allem die christlichen Kirchen zu den Menschen in Not und Elend eine Brücke der Liebe schlagen: zu den Obdachlosen und Asylbewerbern, zu den Kranken und Unerwünschten, zu den Verzweifelten und Zukurzgekommenen. – *Liedruf*

2.: Die Farbe Grün: Farbe der Hoffnung, dass alle Menschen von einem Gott erfahren, der sie vorbehaltlos liebt, wie sie sind. Schenke vor allem den Christen die Kraft, diese vorbehaltlose Liebe in ihrem Leben ab und zu sichtbar zu machen. – *Liedruf*

3.: Blau: Farbe des Glaubens und Vertrauens. Hilf den Firmlingen/Konfirmanden und allen jungen Menschen, den Rückenwind deiner Gegenwart zu spüren, wenn sie sich gegen Rassenwahn und Ungerechtigkeit engagieren. – *Liedruf*

4.: Lila: Farbe der Versöhnung. Schenke allen Völkern den Mut, über Grenzen und Zäune hinweg in Toleranz und Völkerverständigung Fortschritte zu machen. – *Liedruf*

Gl.: Ja, Herr, Frieden unter den Völkern lässt dein Reich jetzt schon sichtbarer werden – auch durch uns. Darum bitten wir durch Christus, unseren Herrn.

Alternative:

Gl.: Vater im Himmel! Dein Sohn ließ uns nicht als Waisen zurück. Er hat uns den Heiligen Geist als Beistand gesandt. In ihm bitten wir dich:

1.: Herr, so wie der Regenbogen Himmel und Erde verbindet, so lass besonders die Christen mit den Menschen in Not und Elend verbunden sein: mit den Armen und Kranken, den Obdachlosen und Asylanten und allen Menschen, die unsere Hilfe benötigen. – *Liedruf*

2.: Herr, so wie der Regenbogen durch seine Farbenpracht Wärme und Licht vermittelt, lass die Christen deine frohe Botschaft in die Welt hinaustragen, auch wenn uns einiges danebengeht.– *Liedruf*

3.: Herr, der Regenbogen ist für uns das Symbol für Zusammenhalt und Verständigung. Lass auch unter uns hier Gemeinschaft spürbar werden. – *Liedruf*

4.: Herr, der Regenbogen ist für uns Zeichen des Weges zu dir. Schenke der Kirche Bischöfe und Geistliche, (Firm-) Paten und Mitchristen, die uns auf den rechten Weg zurückführen, wenn wir uns zu verirren drohen. – *Liedruf*

Gl.: Dann, guter Gott, loben und ehren wir dich, Ursprung und Ziel unseres Lebens. Darum bitten wir durch Christus, unseren Herrn. Amen.

Lieder: Unsere Hoffnung bezwingt die schwarze Angst („Troubadour" neu 711; in den Strophen kommen Farben des Regenbogens vor)

Wo Menschen sich vergessen ..., da berühren sich Himmel und Erde („Troubadour" neu 790);
Eine Brücke lasst uns bauen („Troubadour" 450, neu 751);
Unser Leben sei ein Fest („Troubadour" 373, neu 90);
Dein Geist weht, wo er will („Troubadour" 493, neu 82);
Ich möchte gerne Brücken bauen („Troubadour" 19, neu 752);
Kennst du das alte Lied („Troubadour" 170, neu 681).

Kurzgeschichte

Von den zwei Eisblöcken, die auftauen, „Kurzg. 1", Nr. 165: Auf dieses Thema umschreiben (... schließlich steht ein leuchtender Regenbogen zwischen ihnen).

Friedensgruß

Wir schlagen im Handreichen eine Brücke, eine Menschenkette der Versöhnung: Der Friede des Herrn sei allezeit mit euch!

Meditation

1. Spr.: Regenbogen – Zeichen neuer Hoffnung am Himmel.

Erst wenn sich die Sonnenstrahlen in Regentropfen brechen, entsteht ein farbenprächtiger Regenbogen. – Herr, wenn uns das Wasser bis zum Halse steht, wenn wir keinen Ausweg sehen, lenke unseren Blick auf dein tröstendes Zeichen!

2. Spr.: Der Regenbogen – Gottes Leuchtzeichen.
Manchmal sind die Farben des Bogens blass und durchscheinend, leicht zu übersehen; manchmal verschwinden sie, bevor wir sie wahrgenommen haben. Herr, lass uns nicht blind sein für deine Fingerzeige!

1. Spr.: Regenbogen – Zeichen des Bundes Gottes mit der Welt.
Diese Verbindung kann auf immer bestehen für den, der sich darauf einlässt. In Jesus Christus erneuert, kann jeder auf dieser „Leiter“ zum Himmel steigen.

2. Spr.: Der Regenbogen – wie eine bunte Brücke am Horizont.
Sie verbindet nicht nur den Himmel mit der Erde, sie kennt auch keine Grenzen und Vorbehalte. Der heutige Tag will uns Gesalbten/Konfirmanden helfen, solche Brücken über alle eisernen Zäune der Rechthaberei und des Eigensinns zu bauen.

26. Christ sein in einer „winterlichen“ Kirche

Symbol „lebendige“ Steine

Vorbereitungen

(Karton-)Steine malen oder töpfern, die jeweils ein Wort des folgendes Spruches tragen: „Viele kleine Leute an vielen kleinen Orten, die viele kleine Schritte (Dinge) tun, können das Gesicht der Welt verändern“ *(Spruch aus Afrika)*. Das Wort „verändern“ kann auch auf zwei „Steine“ verteilt werden. Diese „Steine“ werden zu einer Mauer aufgebaut/angeheftet, die im Altarraum gut sichtbar ist. Die überzähligen Jugendlichen malen oder töpfern Platten mit Figürchen (Mann, Frau Kind), die sich an den Händen halten.
Oder: Im Altarraum ist eine Mauer aufgebaut. Die Jugendlichen bringen zu Beginn des Gottesdienstes ihre „Steine“ und fügen sie in die frei gelassenen Stellen ein. Damit bekunden sie ihre Bereitschaft, diese Kirche mitzutragen, das heißt lebendige Steine zu sein. –
Für die Predigt liegen ein Pullover, ein Paar Bergschuhe mit gutem Profil und ein Regenschirm bereit.

Lesung: 1 Petr 2,4-10: Wir lehnen uns als lebendige Steine am Eckstein Jesu Christi an.

Kurzgeschichte

Einleitung: Wie in Polen eine Kirche aus vielen Steinen gebaut wurde, so kommt es überall auf „lebendige“ Steine an, damit „Kirche“ wird.

Nach dem Zweiten Weltkrieg sollte in der Nähe von Krakau eine neue Stadt gebaut werden: Nowa Huta. Aber eine Stadt ohne Gott. Eine Kirche war nicht vorgesehen. Das ließen sich die gläubigen Polen nicht gefallen. Sie stellten ein Kreuz ins Freie und trafen sich dort zu Tausenden, auch bei Temperaturen bis oft 20 bis 25 °C unter Null. – Zehn Jahre kämpften sie darum, eine Kirche bauen zu dürfen. Dann erhielten sie die Erlaubnis, sie in Eigenleistung zu erstellen. Tausend Quadratmeter sollten in Waschbeton entstehen. Die Verantwortlichen baten darum, im Flusslauf jeweils ein paar Kieselsteine zu suchen und mitzubringen. Diese Idee wurde zum eindrucksvollen Zeugnis: Von überall her kamen die Kieselsteine; sie wurden sogar in so vielen Paketen geschickt, dass die Post streikte. Als sich die Geschichte bis Rom herumsprach, schickte Papst Paul VI. einen Stein aus Sankt Peter, der zum Grundstein wurde. Bis zu den Vereinigten Staaten drang die Kunde: Sie sandten einen Stein, den die Astronauten vom Mond mitgebracht hatten. Dieser Stein wurde in den Tabernakel eingearbeitet. – So entstand entgegen dem kommunistischen Plan ein eindrucksvolles Zeugnis des Glaubens vieler Christen.

Alternativen:
Jeder Christ ist wichtig, sonst entstehen Lücken: „Kurzg. 3“, Nr. 78;
Zu den Bauleuten des Reiches Gottes gehört jede/r seit der Taufe (siehe Vorschlag Nr. 19, Seite 73): „Kurzg. 4“, Nr. 87.

Gesprächsszene

(Zwei Jugendliche kommen nach vorne, nehmen ihren „Stein“ aus der Mauer und führen ein Gespräch miteinander wie etwa:)
„Ich bin ein ganz unwichtiger Stein, weil ...“
„Ich sehe anders aus als die anderen Steine; ich passe nicht ins Bild ...“
„Ich bin nicht mehr bereit, die Steine über mir zu tragen ...“
„Aber, was sollen die sagen, die dich tragen?“
„Es ist doch schließlich meine Angelegenheit, keine Lust mehr zu haben ...“
„Von mir ist ein Stück abgebrochen, aber die anderen um mich herum stützen mich ...“
„Ich sitze ganz oben in der Mauer und manchmal befürchte ich, die unter mir könnten plötzlich keine Lust mehr haben ...“

Fazit: Es kommt auf jeden an, damit die Mauer auf Dauer hält und Ungeziefer, Kälte und Feuchtigkeit nicht ins Innere dringen können.

Evangelien: Joh 20,19-22: Er hauchte sie an und bestellte sie damit zu lebendigen Steinen;
Joh 21,9.15-17: Liebst du mich, Petrus?
Joh 15,4-5: Bleibt mit mir (dem Eckstein) verbunden.

Predigt

Es ist in der Kirche winterlich kalt geworden. Umfragen zeigen einen erschreckenden Vertrauensverlust und wer in manche Kirche schaut, kann Angst haben vor der Zukunft der Kirche. Doch heute ist kein Tag zum Jammern. Heute steht Gottes Heiliger Geist über und in diesen jungen Leuten, allerdings nur in dem Maße, in dem sie IHN zulassen. Aber wir trauen IHM eine Menge zu. Also, Vorsicht, liebe Firmlinge/Konfirmanden! ER kann immer noch die Welt bewegen. Aber Realisten müssen wir bleiben. Der Wettersturz in der Kirche ist nicht zu übersehen und wir sehnen uns nach manchem Föhneinbruch. Für die unter euch, die keine Alternative zur Kirche sehen und sich für sie und in ihr engagieren möchten, habe ich drei Gegenstände mitgebracht. Liebe Allwetter-Christen!

1. Zunächst ziehen wir uns einen wärmeren **Pullover** an *(Pullover zeigen):* Es gab Zeiten, da ging es der Kirche wesentlich schlechter. Eiswinde fegten, sage ich euch! Aber gerade in Zeiten der Verweltlichung und des Machtmissbrauchs der Kirche wurden Menschen geboren, die mit dem Pullover der Gottes- und Nächstenliebe in einer Art „Trotz-dem"-Liebe sich leidenschaftlich um Mitmenschen gekümmert haben. Nach der augenblicklichen Kaltfront in der Kirche wird ihr sicher einmal zum Beispiel ihr Engagement für die so genannte Dritte Welt und das ungeborene Leben angerechnet.
2. Ihr braucht auch **Schuhe mit gutem Profil** *(zeigen)*, um auf rutschigen, steilen und vereisten Wegen Halt zu finden. Mit Profil meine ich, das Gewissen und das Wissen besser zu bilden. Wer in den Dialog mit der weithin unchristlichen, lauten Welt treten will, muss schon über seinen Glauben genau Bescheid wissen; es genügen nicht die religiösen Kinderschuhe oder die Stöckelschuhe falscher Frömmigkeit oder die Filzpantoffeln einer interesselosen Gleichgültigkeit – einer gemütlichen Unter-uns-Gesellschaft, ohne den Rest der Welt im Blick zu haben. Profil wird gebraucht!
3. Ja – und diesen **Regenschirm** *(zeigen)* brauchen wir. Wenn es richtig vom Himmel platscht, dann muss ich warten: Geduld ist nicht die ausgeprägteste Tugend unserer Zeit; oder was nützt es, gesetzte Pflänzchen hochzuzupfen, damit sie schneller wachsen?! Aber spannen wir den Regenschirm bei manchen gehässigen Angriffen auf und zeigen Gelassenheit! Es kommt auch wieder die Sonne durch. *(nach Reinhold Stecher, aus: ders.: Heiter-besinnlich um den Krummstab, Tyrolia Verlagsanstalt, Innsbruck o.J.)*

(Als Zeichen der Bereitschaft können jetzt die Mauer abgebaut und die „Steine" gegen den Altar gelehnt werden: Wir lassen uns vom Fundament Jesu tragen.)

Fürbitten

Gl.: Wir rufen zu dem, der den Geist unserer Zeit immer wieder erneuern kann:

1.: Komm, Heiliger Geist! Lehre die Fundamentalisten in der Kirche mit Fanatikern, Progressiven und Konservativen, Rechten und Linken einen fairen Umgang miteinander. – *Liedruf*

2. Komm, Heiliger Geist! Versöhne die christlichen Kirchen und Weltreligionen miteinander, damit unsere Welt aufatmen kann. – *Liedruf*

3. Komm, Heiliger Geist! Erneuere die jungen und alten Kirchen auf dem Fundament Jesus Christus. – *Liedruf*

4. Komm, Heiliger Geist! Mach uns bereit, mit Pullover, festem Schuhwerk und einem großen Regenschirm manches Unwetter über der Kirche zu ertragen. – *Liedruf*

Gl.: Denn dann loben und ehren wir dich, der du willst, dass deine Geschöpfe glücklich und zufrieden leben. Darum bitten wir durch Christus, unseren Herrn.

Hinweis: Weitere Bitten siehe im Anhang III., Seite 148f.

Meditation

1. Spr.: Glücklich die Kirche, die nicht kritiklos auf jeden Modetrend hereinfällt. – Glücklich die Kirche, die nicht gereizt reagiert, wenn sie Spott erfährt. – Glücklich die Kirche, die weiß, dass ein rettender und befreiender Gott hinter ihr steht.

2. Spr.: Solch eine Kirche kann Ort der Menschlichkeit sein und Zuversicht schenken. – Solch eine Kirche kann zur Gerechtigkeit und Harmonie in dieser Welt beitragen. – Solch eine Kirche kann vor dem Urteil der Menschen und ihres Gottes bestehen.

3. Spr. So hilf uns, Herr, in der Tiefe dieser Kirche auf den lebendigen Christus zu stoßen. Schenk uns Freude an einer Kirche, die zur Quellkraft unseres Lebens beiträgt.

27. Wir legen den Samen in die Erde

Symbol Samenkörner

Vorbereitungen

1. Jede/r Jugendliche erhält ein Tütchen mit Blumensamen oder Sonnenblumenkernen, eventuell auch alle Teilnehmer/innen. Beim Eintreten erhält aber wenigstens jede/r einen Sonnenblumenkern.
2. Im Altarraum wachsen in Blumentöpfen Pflanzen in verschiedenen Phasen, um ihr „Wachstum“ zu sehen. Entsprechend lange vorher säen!
3. Wenn es die Jahreszeit oder die Blumenläden erlauben, den Altar mit Sonnenblumen schmücken.

Lesungen: 2 Kor 9,6-11a: Wer reichlich sät, wird reichlich ernten;
Mt 13,1-9.18-23: Gleichnis vom Sämann;
Mk 4,30-32: Gleichnis vom Senfkorn.

Kurzgeschichte zu Beginn

Ein junger Mann betrat im Traum einen Laden. Hinter der Theke stand ein Engel. Hastig fragte er ihn: „Was verkaufen Sie, mein Herr?"
Der Engel antwortete freundlich: „Alles, was Sie wollen."
Der junge Mann begann aufzuzählen: „Dann hätte ich gern das Ende aller Kriege in der Welt, bessere Bedingungen für die Randgruppen der Gesellschaft, Beseitigung der Elendsviertel, Arbeit für die Arbeitslosen, mehr Gemeinschaft und Liebe in der Kirche und ... und ..."
Da fiel ihm der Engel ins Wort: „Entschuldigen Sie, junger Mann, Sie haben mich falsch verstanden. Wir verkaufen keine Früchte, wir verkaufen nur den Samen."

Hinweis: Diese Kurzgeschichte kann auch gut gespielt werden!

Predigt

(Gl. zeigt ein Samenkorn) Von den Bänken aus ist es kaum zu erkennen, dieses Samenkorn, so klein und unscheinbar! Aber wenn es unwiederbringlich verloren geht, kann es keine wunderschöne Sonnenblume werden, deren Samenkörner ich im Herbst sammle und wieder zur rechten Zeit aussäe, bis ich schließlich ein unübersehbar großes, herrliches Sonnenblumenfeld habe.
Manche schauen resigniert in die Zukunft. Aber Gott hat jedem genug Begabungen als Saatkörner mitgegeben; was wir jetzt damit machen, liegt ganz an uns. Gott wirkt also in unsere Welt hinein; er löst aber nicht die Probleme. An mir liegt es, den Samen jetzt in fruchtbare Erde zu legen, zu begießen, zu schützen und zu pflegen ...
Das gilt für mein Leben, das gilt auch für die Kirche, in die ihr euch einbringen könnt ...

Fürbitten

Gl.: Guter Gott. Wir dürfen zu dir kommen mit unseren Freuden und Sorgen, mit unseren Plänen und unserer Ratlosigkeit.

1. Hilf den Mächtigen in Staat und Kirche, Samenkörner des Friedens in die oft ausgebeutete Erde zu legen. – *Liedruf*

2. Lass im Vertrauen auf dich Menschen ihre Fähigkeiten in die christlichen Gemeinschaften tragen. – *Liedruf*

3. Schenke Samenkörner des Verzeihens unseren Familien, Verwandten, Klassen- und Arbeitsgemeinschaften. – *Liedruf*

4. Hilf uns, die wir in eine neue Lebensphase treten, die Samenkörner unseres Lebens in Kirche und Gesellschaft einzubringen und für ein gutes Wachstum zu sorgen. – *Liedruf*

Gl.: Denn dann erfüllen wir deinen Auftrag, dich und den Geist deines Sohnes in die Welt zu tragen – durch Christus, unseren Herrn.

(Nach Christa Marschke)

Meditation

Siehe Anhang IV., Seite 154f.: 1.6, 2.3, 2.4, 2.5.

Lieder: Kleines Senfkorn Hoffnung („Troubadour“ 104, neu 707);
Alle Knospen springen auf („Troubadour“ 111, neu 94);
Wir legen den Samen in die Erde („Troubadour“ 25, neu 125).

28. Eine Kirche mit Energie

Symbol Stromkabel

Vorbereitungen

1. Für das Sprechspiel eine installierte Party-Lichterkette in einer Ecke der Kirche anbringen; ein sichtbar defektes Kabelstück; eine Tischlampe, die angeschlossen werden kann; viele Verlängerungskabel, die in ihrer Gesamtheit bis zur Lichterkette reichen.
2. Eventuell ein kleines Taschenlampen-Birnchen für jede/n als Erinnerung reichen.

Hinweis: Symbolen aus Technik und Wissenschaft bitte zunächst mit gesundem Misstrauen begegnen. Aber wir haben Jugendliche vor uns, die mit Technik ganz anders umgehen – und bei denen gerade ein solcher Vergleich vielleicht ein Licht aufgehen lässt!

Statt der Lesung eine Kurzgeschichte

Ein Pfarrer setzte folgende Anzeige in die Zeitung: „Mit dem Ausdruck tiefsten Bedauerns gebe ich den Tod der Kirche Sankt Stefanus in Werenfurt bekannt. Die Trauerfeier ist Sonntag um 11 Uhr.“
Natürlich war die Kirche bis auf den letzten Platz besetzt. In seiner Predigt führte der Pfarrer aus: „Ich habe keine Hoffnung auf Wiederbelebung unserer Pfarre, will aber ein Letztes versuchen. Sie gehen bitte alle an diesem Sarg da vorbei und sehen sich den Toten an. Dann verlassen Sie die Kirche durch das Nordportal. – Sollten Sie es sich anders überlegen, kommen Sie durch die Tür im Osten wieder herein. Dann können wir gegebenenfalls einen Dankgottesdienst halten!“

Der Pfarrer trat an den Sarg und öffnete ihn. Alle fragten sich: „Wer würde wohl in dem Sarg liegen?“ Und jeder, der die tote Kirche von Sankt Stefanus sehen wollte und sich über den Sarg beugte, sah in einem Spiegel – sich selbst.

Evangelium: Mt 5,14-16: Ihr seid das Licht der Welt.

Sprechspiel

Gl.: *(nimmt eine Tischlampe, steckt den Stecker ein und knipst die Lampe an)* Wie leicht kann das sein mit dem Licht: Die Energiequelle ist vorhanden, ich schließe an und lasse den Strom in die Lichtquelle fließen, weil ich die Lampe anknipse.

1. Spr.: Sie meinen, die Kirche ist erweckbar, wenn sie sich auf die Energiequelle Gottes einlässt, die Ströme des Heiligen Geistes nicht hindert und wir uns selbst aktivieren, indem wir uns nur durch Anknipsen, also ein „Ja“, mit dem Stromkreis verbinden?

Gl.: Genau!

2. Spr.: *(zeigt ein sichtbar defektes Kabel)* Unaufhörlich fließen vom Stromnetz ins Kabel unzählige Elektronen hin und her. Hört auch nur eins für einen kurzen Moment auf zu schwingen, bricht der ganze Stromkreis zusammen; das Licht geht aus. Dieses defekte Kabel ist so auch nicht mehr zu gebrauchen.

3. Spr.: Jeder Mensch also, der aufhört, die Energie Gottes weiterzugeben, bringt das Licht zum Flackern. Und darum sieht es in der Welt im Extremen so aus, wie es aussieht: Menschenrechtsverletzungen, innerer und äußerer Hunger, Orientierungslosigkeit, Aberglauben ...

Gl.: Dabei ist Gottes Energie in hinreichendem Maße vorhanden!

1. Spr.: Um die Lichterkette dort hinten in der Kirche zum Leuchten zu bringen, brauchen wir viele Verlängerungsschnüre. Vielleicht hilft eine Gruppe, den Strom bis dorthin zu lenken. Viele verbinden sich jetzt also in einer Absicht, in einem Geist, damit dort hinten etwas aufleuchten kann. Oft geht nichts ohne Gemeinschaft und jeder ist dabei nötig, ob er oder sie nun ein kurzes oder ein längeres Verbindungsstück zur Verfügung stellt.

(Lichterkette leuchtet auf. Die geglückten Verbindungen aller Verlängerungskabel könnten auch sehr schön auf die weltweite Zusammenarbeit von verschiedenen Religionsgemeinschaften im großen „Weltstromnetz“ gedeutet werden!)

Gl.: Schön, wie jetzt die Lichterkette leuchtet und die Blicke auf sich zieht! Jetzt könnte ein Fest starten – bei diesem warmen Licht.

3. Spr.: Wo Strom fließt, entsteht auch Wärme.

Gl.: Ja, nur wo Gottes Energie, Gottes Wort und Geist ständig in Bewegung bleiben, wird es angenehm warm und hell. Es wäre schön, wenn ihr euch dabei einbinden lasst, damit es in unserer Kirchengemeinde Lichtblicke gibt.

Fürbitten

Gl.: Wir bitten um Gottes Wirken in einer oft dunklen Welt:

1. Das tägliche Brot und die tägliche elektrische Energie sind wichtig. Schenke unserer Welt auch noch genügend göttliche Energie! – *Liedruf*

2. Wie uns ständig Strom zur Verfügung steht, so hast du, Herr, versprochen, immer für uns da zu sein. Schenke den Menschen Vertrauen in deine Allgegenwart. – *Liedruf*

3. Genügend Stromnetze stehen allen zur Verfügung, die Kaufkraft haben. Lass uns die Früchte deiner Schöpfung gerechter verteilen, damit alle Menschen die Lichtseite des Lebens erreichen.

4. Im Stromnetz herrscht ständig Spannung. Wird sie zu stark, zerstört sie das Netz. Verbanne aus dem sozialen Netz Neid und Ungerechtigkeit, damit eine gesunde Spannung in einem friedlichen Zusammenleben erreicht wird. – *Liedruf*

5. Jeder von uns ist gefragt, wenn Verlängerungskabel ins Dunkel einer Einsamkeit oder eisigen Kälte gelegt werden. Schenke besonders den Firmlingen/Konfirmanden die Bereitschaft, sich in Kirche und Welt zu engagieren. – *Liedruf*

Gl.: Dann wird die Welt heller und wärmer – wie du es möchtest, du Herr und Erlöser dieser Welt – durch Christus, unseren Herrn.

Zum Friedensgruß

Wir verbinden uns mit den Armen als Verlängerungskabel. Wir lassen keinen aus, damit der Stromkreis des friedlichen Miteinanders für einen Augenblick nicht unterbrochen wird. – Der Friede des Herrn sei allezeit mit euch!

Meditation

1. Spr.: Wenn ich kein Licht mehr sehe, lenke ich meinen Blick auf die Quelle allen Lichts. Dein Sohn Jesus Christus kam ja, um Licht in alle Dunkelheit zu bringen.

2. Spr.: Wenn die Kälte bis in meine Seele beißt, lenke meinen Blick auf den Ursprung aller Wärme: Heiliger Geist, wärme dann, was kalt und hart ist!

1. Spr.: Wenn ich keine Gemeinschaft mehr spüre, lenke meinen Blick auf den Schöpfer und Erlöser aller Menschen: Gieß Liebe in die Herzen ein!

2. Spr.: Wenn mir die Augen für die Nächsten erblindet sind, öffne meinen Blick neu für den Ursprung und das Ziel allen Lebens: Öffne, was in sich verschlossen ist!

1. Spr.: Wenn ich nur noch Negatives sehe und Leid und Not mich fest im Griff haben, lenke meinen Blick auf den Fluchtpunkt aller Hoffnung: Heile du, was krank und matt ist!

2. Spr.: Wenn ich innerlich zerrissen bin und lieber ins Gestern oder Morgen flüchte, lenke meinen Blick auf den Urgrund aller Harmonie: Schenke Ruhe und Gelassenheit!

1. Spr.: Wenn ich Frieden und Versöhnung nicht mehr für möglich halte, lenke meinen Blick auf den barmherzigen Gott: Reiß die Herzen auf zur verzeihenden Liebe!

2. Spr.: Wenn ich kein Licht mehr sehe, lenke meinen Blick auf die Quelle allen Lichtes!

(Idee, Fürbitten und Meditation nach Ulrike Fell, Bergheim)

29. Der Schatz im Acker des Lebens

Symbol Schatzkästchen (für jedes Alter)

Vorbereitungen

1. Ein Schatzkästchen steht bereit. Inhalt: ein rotes Herz, ein Kreuz und ein großes Zündholz.
2. Für alle Teilnehmer/innen ein großes Zündholz bereithalten.

3. Im Altarraum können große Symbole aus langen Zündhölzern gesteckt sein, zum Beispiel Geisttaube, Anker, Herz, Kreuz, ☧, Shalom, Regenbogen, Fisch etc. Sie können – wie beim Domino – das „Lauf-Feuer" einer Nachricht dokumentieren. (Den richtigen Abstand ausprobieren; nicht zu eng, damit das Übergreifen der Flamme nicht zu schnell erfolgt; aber auch nicht zu weit auseinander, damit die Lichterkette nicht unterbrochen wird, was – wenn das passiert – auch leicht interpretiert werden kann),
Siehe auch Vorschlag Nr. 4, „Das Feuer soll brennen": Den abgebildeten Button „Feuer und Flamme für die Kirche" ausmalen und auf Streichholzschachteln mit Inhalt kleben, die verteilt werden.

Lesungen: Apg 2,1-13: Zungen wie von Feuer erschienen (Pfingstereignis);
Mt 13,44: Gleichnis vom Schatz im Acker;
Lk 12,49-53: Ich bin gekommen, Feuer auf die Erde zu werfen (= Entscheide dich für mich!).

Predigt

(Gl. zeigt das „Schatzkästchen") Wer möchte nicht den Schatz im Acker seines Lebens finden (Mt 13,44) und innerlich zufrieden sein? In diesem Schatzkästchen liegen drei Gegenstände, die andeuten, wo der Weg entlang gehen muss, wenn wir das Glück und das Ziel des Lebens finden wollen.

1. *(Gl. zeigt das rote Herz)* Zunächst habe ich hier ein rotes **Herz.** Dieses Symbol ist nicht kleinzukriegen: eingeschnitzt in Bäume, gemalt auf Schulhöfen und Plakatwänden, gesprüht an Autobahnbrücken: „Ich liebe dich!" Liebe ist wichtiger als das beruhigende Bankkonto, die Weltreise, die exklusive Wohnung. So steht es auch im Heiligen Buch: Liebe – und du machst alles im Leben richtig. Liebe dich – so wie du bist, dann bleibt auch Raum für den Nächsten und für Gott. Das Hauptgebot drückt es so aus: Liebe Gott und den Nächsten wie dich selbst und du kannst nichts falsch machen.

2. Als Zweites ein **Kreuz** *(zeigen).* Wenn es nur den Querbalken gäbe, dann könnte ich auf ihm die ganze Welt umkreisen und fände doch keine Befreiung. Erst der Längsbalken lässt den Überstieg „nach oben" zu: Erst das Herabsteigen Jesu in unsere Menschlichkeit und sein Hinaufsteigen in Auferstehung und Himmelfahrt lässt auch uns auf Erlösung hoffen. Dann ist das Kreuz unser großes Plus im Leben. Wenn ich es schief halte, wird es zum X, das alles durchkreuzen kann. Das Kreuz hat andere Maßstäbe gesetzt. Glücklich, wer sich auf unseren Bruder Jesus Christus einlässt.

3. Das Schatzkästchen enthält auch noch ein großes **Streichholz** *(zeigen).* In der Taufe und auch heute haben wir ein großes Bündel davon geschenkt bekommen. Und wer Gott fest vertraut, wird immer welche zur Hand haben. Die Reibflächen zum Entzünden? Die haben das Herz und das Kreuz! Wer schon einmal Liebeskummer erfahren hat, unerwünscht war oder Unbarmherzigkeit erlebte,

der weiß, welche Reibflächen Herzen haben. Und das Kreuz? Wer eins auf die Schulter gedrückt bekommt, das in die Knie zwingt, wer ganz feste einen Schlag im Gesicht spürt, der weiß, welche Reibflächen Kreuze haben. Aber hat nicht Jesus selbst gebetet: „Vater, lass diesen Kelch an mir vorübergehen!" und „Mein Gott, warum hast du mich verlassen?"?
Darum möchten wir euch allen zur Erinnerung symbolisch ein Streichholz überreichen. Wer es in einer Schublade seines Herzens lässt, ist selber schuld. Wer es zündet, erlebt Orientierung im Dunkel und Wärme, die leben lässt; er weiß aber auch: Ich muss ganz nahe an den anderen herangehen und in Geduld warten, bis der Funke überspringt.

Aktion

(wenn Symbole aus Streichhölzern gesteckt wurden)
In einem Stadion forderte einmal ein Prediger die Zuhörerinnen und Zuhörer auf, alle verfügbaren Feuerzeuge oder Streichhölzer auf Kommando hin anzuzünden, nachdem die gleißenden Lichter im Rund gelöscht wurden. Die Augen gewöhnten sich zunächst ans Dunkle; dann kam das Kommando und – die Arena war für Momente hell erleuchtet. Jeder verstand: Auf jeden kommt es an, sein Licht nicht unter den Scheffel zu stellen. Wenn wir weitersagen, was uns im Glauben gut getan hat, erfüllen wir den Auftrag Christi. – Wir dunkeln jetzt unsere Kirche ab und schauen zu, welche Lauffeuer unsere Jugendlichen gesteckt haben: Symbole, die das Wirken des Heiligen Geistes wie im Brennglas erfassen.

Fürbitten

Siehe unter den Vorschlägen Nr. 24, 4 und 5.

Meditation

Siehe unter den Vorschlägen Nr. 4, 5 und 24.

Friedensgruß

Wir bilden mit den Händen eine Menschenkette und lassen Sympathie und Wärme durch unsere Adern fließen – auch eine Möglichkeit, nach innen etwas vom Geist Gottes Wirklichkeit werden zu lassen!
Der Friede des Herrn sei allezeit mit euch!

30. Mit den Augen Jesu sehen

Symbol Brille

Vorbereitung

Benötigt werden einige verschiedene Spiegel und entsprechend der auftretenden Personen im Predigtspiel Brillen, deren Gläser schwarz überklebt sind.

Hinweis: Nach einer Idee bei Wilhelm Willms, aus der luft gegriffen, seher und nichtseher, Seite 19-33.

Spiegelprozession

Nach Begrüßung und Tagesgebet – und eventuell auch der Lesung Offb 3,14-22 „Du bist arm, blind und nackt" – setzt sich eine Gruppe Jugendlicher im Gänsemarsch in Bewegung. Etwa zwei Minuten lang schauen die Jugendlichen dabei ganz vertieft in ihren Spiegel in der Hand – bis plötzlich von außerhalb eine/r ruft: „He, was macht ihr denn?"
Aber alle ziehen, ohne aufzublicken, unbeeindruckt weiter, bis wieder eine/r ruft: „He, seht ihr uns nicht? Seid ihr blind?" Aber sie ziehen weiter – wie verliebt in diese Sicht, bis einer zum Anführer hingeht, ihm seinen Spiegel abnimmt und ihn so kräftig auf die Erde wirft, dass er klirrend zerspringt. Jetzt erst schauen alle auf, staunen und sagen (etwa): „Ach, ihr seid ja auch da! Wir haben euch nicht bemerkt!" ...

Gl.: Manche haben ein breites Ich entwickelt; die sehen nur noch sich selbst. Erst muss was kaputtgehen, bevor sie etwas merken und wieder richtig hinsehen. Oft aber ist keiner da, der uns aufhält. Der heutige Tag will uns die Augen öffnen.

Meditation

(auf Musik gesprochen; kann auch am Ende des Gottesdienstes stehen)

1. Spr.: Du siehst nur gut mit den Augen eines Liebenden; mit den Augen alter Eltern; mit den Augen der Traurigen oder Verzweifelten; mit den Augen der Sitzengelassenen – bei uns und in der weiten Welt.

2. Spr.: Du siehst nur gut, wenn du die Parteibrille ablegst oder die Fußballbrille; die Geld- und Job-Brille; die Sex- und öffentliche Meinungsbrille, die Kirchenbrille.

1. Spr.: Du siehst nur gut mit Augen der Hoffnung; mit Augen des Wohlwollens; mit den Augen der Gemeinschaft; mit Augen, die Zukunft im Blick haben.

2. Spr.: Also rücksichtsvolle Augen, die vorausschauen; zuversichtlich und vorsichtig schauen; die auch über manches hinwegsehen; die lächelnd ein Auge zudrücken können. Du siehst nur gut mit den Augen Jesu.

Kurzgeschichte

Die Weisung des Rabbi

Ein berühmtes Kloster war in große Schwierigkeiten geraten. Waren die vielen Gebäude früher voller Mönche gewesen, schleppte sich jetzt nur eine Hand voll alter Mönche durch die Kreuzgänge und pries Gott mit schwerem Herzen.
In der Nähe hatte ein alter Rabbi eine kleine Hütte gebaut, um von Zeit zu Zeit dort

zu fasten und zu beten. Solange er dort weilte, fühlten sich die Mönche von seiner betenden Gegenwart mitgetragen.
Eines Tages suchte der Abt des Klosters den Rabbi auf. In der Tür umarmten sie sich herzlich und schauten einander lächelnd an. Sie setzten sich an einen Tisch, auf dem die Heilige Schrift geöffnet lag. Sie saßen nicht lange, da bedeckte der Abt sein Gesicht mit den Händen und weinte – weinte wie ein verlassenes Kind.
„Du und deine Brüder", begann der Rabbi, „ihr dient dem Herrn nur mit schwerem Herzen. Ich will dir eine Weisung geben, die du aber nur einmal wiederholen darfst. Danach darf niemand sie je wieder aussprechen." Der Rabbi schwieg eine Weile. Dann sagte er: „Die Weisung lautet: Der Messias ist unter euch!"
Am nächsten Morgen rief der Abt seine Mönche zusammen und erzählte ihnen von seiner Begegnung mit dem Rabbi und auch davon, dass dessen Weisung nie wieder laut ausgesprochen werden dürfe. Dann schaute er die Brüder der Reihe nach an und sagte: „Die Weisung lautet: In einem von uns ist der Messias!"
Die Mönche reagierten bestürzt: Wer ist es? Bruder Johannes oder Pater Markus? Oder Bruder Thomas?
Seitdem gingen die Mönche ganz anders miteinander um: ehrlicher, herzlicher, freundlicher, ehrfürchtiger. Sie lebten jetzt zusammen wie Menschen, die endlich etwas gefunden haben. Die gelegentlichen Besucher zeigten sich betroffen und angesprochen von diesem Geist, der jetzt von den Mönchen ausging.
Und es dauerte nicht lange, da kamen die Menschen von nah und fern und auch die Chorstühle füllten sich wieder.

Evangelien: Mk 8,22-25: Blindenheilung;
Joh 14,15-21: Ihr erhaltet einen Beistand, der immer bei euch bleibt;
Joh 15,9-17: Liebt einander.

Predigtspiel

(Immer wieder steht eine/r mit schwarz überklebter Brille auf; dann erfolgt der Dialog, an dessen Ende Gl. die Brille vom Gesicht nimmt und sie auf den Altar legt; die Erwachsenenrollen übernehmen die Firm- oder Konfirmationsbegleiter/innen; den Text von Gl. kann auch ein anderer Erwachsener übernehmen. Mit den Jugendlichen können die Texte aktualisiert und weitere Szenen erarbeitet werden.)

1. Jüngere/r Jugendliche/r: Ich kann meinen Bruder nicht mehr sehen: Ständig ärgert er mich; er wird auch vorgezogen: jedenfalls muss ich öfter als er die Spülmaschine ausräumen oder frische Brötchen holen.

Gl.: Würde er dich nicht beschützen, wenn dir einer was will? Hast du ihn nicht vermisst, als er für zwei Monate weit weg zum Schüleraustausch war? Hält er nicht manchmal zu dir, wenn es gegen die Eltern geht? *(Gl. nimmt ihm/ihr die Brille ab und legt sie auf den Altar.)*

2. Jugendliche/r.: Ich kann meine Eltern nicht mehr sehen: Die haben altmodische Standpunkte, das ‚hältste' im Kopf nicht aus! Die haben keinen Draht mehr für unsere Welt; die verbieten fast alles.

Gl.: Aber ist nicht deine Mutter zum Elternsprechtag gegangen und hat dich sogar vor der Lehrerin verteidigt? Dreht sie sich nicht erst zum Tiefschlaf um, wenn unten die Haustüre gegangen ist? Hat sie dir nicht für die Karnevalsfete ein tolles Kostüm genäht? Hat dein Vater nicht Überstunden gemacht, um den teuren Urlaub für alle zu finanzieren? *(Gl. nimmt ihm/ihr die Brille ab und legt sie auf den Altar.)*

3. Mann: Ich kann meine Frau nicht mehr sehen! Die geht mir mit ihren Vorhaltungen und Fragen oft ganz schön auf die Nerven!

Gl.: Aber andere Frauen können Sie noch sehen? Drehen Sie sich vielleicht verstohlen nach einer um? Dabei hält Ihre Frau Ihnen oft den Rücken frei; nimmt sich mehr Zeit für die Kinder als Sie; ist die Seele der Familie – obwohl sie auch berufstätig ist; wäscht auch Ihre schmutzige Wäsche, obwohl sie das auch selber könnten. Wenn sie nicht Ordnung ins Haus brächte, wer dann? *(Gl. nimmt ihm die Brille ab und legt sie auf den Altar.)*

4. Eine Jugendliche: Ich kann meine Nachbarin nicht mehr sehen. Diese Tratsche! Steht dauernd rum! Nichts entgeht ihr!

Gl.: Aber hat sie nicht die Einkäufe gemacht, als deine Mutter neulich krank war? Versorgt sie nicht eure Blumen im Urlaub? Nimmt sie nicht die Paketpost an, wenn keiner von euch da ist? *(Gl. nimmt ihr die Brille ab und legt sie auf den Altar.)*

5. Ein Jugendlicher: Ich kann mit ‚Kirche' nichts mehr anfangen. Sie ist zu langweilig und verbietet uns so viel. Eine Zeit lang durften wir nicht mal mehr ins Gemeindezentrum!

Gl.: Dann hatte das auch Gründe, über die ihr noch länger hättet diskutieren können. Lässt sie euch nicht Jugendgottesdienste gestalten? Setzt sie mit dem Eine-Welt-Laden nicht einen deutlichen Akzent der Solidarität? Wer würde die ungeborenen Kinder noch verteidigen? Und den Senioren noch Zeit und Aufmerksamkeit schenken? *(Gl. nimmt ihm die Brille ab und legt sie auf den Altar.)*

6. Erwachsener: Ich habe keine Lust mehr an der ehrenamtlichen Mitarbeit. Kriegt man doch nicht gedankt. Der Sportverein sagt: Komm, mach doch mit im Vorstand! Die Feuerwehr: Wann sehn wir dich mal wieder? Der Pfarrer: Können Sie nicht beim Pfarrgemeinderat/Presbyterium mitmachen? Nee, sollen die anderen mal! Ich habe ohnehin kaum Zeit!

Gl.: Blieben nicht noch mehr Kinder und Jugendliche auf der Straße, wenn es keine Sportvereine gäbe? Wer soll zum Helfen ausrücken, wenn's brennt oder ein Unfall passiert ist? Müsste nicht manches Pfarrfest abgesagt werden? *(Gl. nimmt ihm die Brille ab und legt sie auf den Altar.)*

Auf dem Altar liegen jetzt etliche schwarz getönte Brillen. Ich könnte noch viele andere hierzulegen. Wir sehen nur gut mit den Augen Jesu. Wer sich auf seinen Geist einlässt, kann nach den Brillen auch noch manche Häutchen von den Augen ziehen, die Häutchen der Vorurteile zum Beispiel, die manchmal schon an den Augäpfeln festgewachsen sind. Wenn dann unsere Tränen den letzten Dreck von Stolz und Vergleichen aus den Augen spülen, dann besteht Hoffnung für uns. Dann können wir richtig sehen!

Fürbitten

Gl.: Du Gott des Lebens. Komm, Heiliger Geist!

1. Den Balken erst in unseren Augen suchen und den Splitter in denen der anderen! – Herr, lass uns manchmal beide Augen zudrücken. Damit uns die Augen aufgehen. – *Liedruf*

2. Sich engagieren in sozialen und ökologischen Fragen! – Schenke uns Kraft dazu in Kirche und Welt! Denn wir haben nur diese eine Welt. – *Liedruf*

3. Nicht stumm vorübergehen, ohne andere freundlich zu grüßen! – Heile uns von der Blindheit, die kleinen Schritte zum Frieden zu übersehen. – *Liedruf*

4. Nicht schweigen oder fortsehen, wenn wir gefordert sind! – Lass das richtige Wort auf unsere Zunge gelangen und die Tat folgen. – *Liedruf*

5. Glaubwürdig werden und nicht nur anderen die Lasten überlassen! – Hilf uns, im Geiste Jesu zu helfen! Wenn wir es nicht tun, wer dann? – *Liedruf*

Gl.: Dann halten wir dich lebendig, Herr. Dann tragen wir deinen guten Geist in die Welt. Darum bitten wir durch Christus, unseren Herrn.

Alternative:

Gl.: Wir werden still und begleiten das Gesprochene mit unserem Gebet.

1. Suchende sind wir, Herr, nach einem Sinn. – Lass uns finden hinter den Worten: Dein Wort. – *Stille*

2. Tastende sind wir, Herr, nach einem Grund. – Lass uns begreifen hinter den Sätzen: Dein Geheimnis. – *Stille*

3. Hoffende sind wir, Herr, auf ein Zeichen. – Lass uns lesen zwischen den Zeilen: Dein Antlitz. – *Stille*

4. Wartende sind wir, Herr, auf ein Echo. – Lass uns hören zwischen den Pausen: Dein Atmen! – *Stille*

(Nach Alois Albrecht)

Gl.: Blinde sind wir, Herr, selbst bei Licht. Lass uns sehen hinter greller Reklame: Dein Reich! – *Stille*

Meditation

1.: Manchmal bin ich blind und mein Blick für die Würde und Einmaligkeit der anderen ist verstellt. Ich sehe zum Beispiel nicht, dass andere das an Lebensmitteln brauchen, was wir wegwerfen.

2.: Ich kann sehr gut sehen, aber bin doch oft blind, wenn die Eltern zu Hause Hilfe brauchen und ich schnell in meinem Zimmer verschwinde.

3.: Oft ist mir der Blick verstellt, wenn ich in der Schule oder anderswo über die bedrohte Welt diskutiere, aber leere Coladosen und Verpackungen auf den Gehweg werfe.

4.: Manchmal bin ich blind, wenn ich nicht mehr sehe, wie viel ich von Menschen in meiner unmittelbaren Nähe lernen kann.

5.: Ich habe gute Augen, aber ich bin blind dafür, dass mir einer seine Sorgen erzählen will und sehe nur meine Probleme.

6.: Hilf uns, Geist Gottes, die Welt mit den Augen Jesu zu sehen. Schenke uns geschwisterliche Zuneigung und die Weisheit deines Heiligen Geistes, die Harmonie und Freude möglich machen.

31. An den Heiligen Geist glauben

Spielszenen (für jedes Alter)

Vorbereitung

Die Spielszenen müssen gut eingeübt werden, damit sie ‚rüberkommen'. Bitte auswählen. – Je nach Auswahl sind entsprechende Buttons vorbereitet. Außerdem wird ein Radio benötigt.

Lesungen: Ez 36,26-28: Ich gebe euch ein neues Herz und einen neuen Geist; Mt 28,16-20: Ich bin bei euch alle Tage; Lk 12,49-53: Ich will Feuer auf die Erde werfen (= Entscheide dich!)

1.) Eröffnungsszene mit Buttons

Gl.: Ein Bekenntnis hat immer mit einer Überzeugung zu tun. Wenn ich von etwas überzeugt bin, wenn mir etwas gefällt, dann spiegele ich das wider in meinem Alltag, in meiner Einstellung, in meiner Kleidung, vielleicht auch in meiner Frisur. Schon durch mein Äußeres können alle sehen, was ich denke, wie ich eingestellt bin; zumindest meinen viele, das zu wissen. Eine Möglichkeit, die eigene Einstellung zu zeigen, ist das Tragen von Buttons, also runden Ansteckern. Bei unseren Treffen vor zwei Wochen sind solche Buttons entstanden. Sie drücken ganz verschiedene, für jeden Einzelnen wichtige Meinungen aus:

Was steht denn auf deinem Button?

1.: *(hebt seinen Button hoch)* „Ohne Liebe läuft nichts!"

Gl.: Was soll denn das heißen?

1.: Ja, wenn ich weiß, dass mich jemand lieb hat, mich mag und gern hat, dann fühle ich mich wohl, ich hab' dann viel mehr Schwung; alles geht einfach besser.

Gl.: Du hast ja auch so einen Button ...

2.: *(hebt Button hoch)* „Peace for the world" ... Frieden für die Welt ...

Gl.: Warum ist dir das denn wichtig?

2.: Streit, Krieg und Elend verderben einem doch bloß das Leben. Das will ich nicht. Nur im Frieden ist ein Zusammenleben möglich.

Gl.: Soso! – Ah, noch so ein Button!

3.: *(hebt Button hoch)* „Humanität und Toleranz"!

Gl.: Was meinst du denn damit?

3.: So viele verschiedene Menschen aus anderen Ländern mit verschiedenen Verhaltensweisen leben hier bei uns. Ich kann ja nur etwas von ihnen mitbekommen, wenn ich auch bereit dazu bin und mich darauf einlassen will.

Gl.: Aha, so ist das. – Die Jugendlichen haben eben das ausgedrückt und bekannt, was ihnen in ihrem Alltag wichtig ist. Das ist ganz schön mutig, weil sie damit auch zeigen, was sie im Innern bewegt. Vielleicht bringt sie das auch in Bewegung.

2.) Der Heilige Geist – unsichtbar?

(Zwei Jugendliche mit einem Radiogerät tragen Gedanken vor:)

1.: Glaubst du eigentlich an etwas, was du nicht sehen kannst?

2.: Na, du fragst vielleicht. Natürlich nicht.

1.: Hast du heute morgen daran geglaubt, dass du das alles schaffst? Ich meine das mit diesem Gottesdienst und so. Und das vor so vielen Leuten ...?

2.: Aber klar! Sonst wäre ich gar nicht erst angetreten. Oder du vielleicht?

1.: Du hast also etwas geglaubt, was noch gar nicht eingetreten ist – was du noch gar nicht siehst?

2.: Du gehst aber ganz schön zur Sache! Eigentlich hast du ja Recht! Ich glaube, was ich noch nicht sehen kann. Ich glaube aber, dass es so kommt. Sonst würde ich es gar nicht erst machen.

1.: Gut, auf diesem Hintergrund können wir den Gottesdienstbesuchern dieses Radiogerät zeigen. Da gibt es einen interessanten Vergleich.

2.: Ja, ich habe eine Idee dazu. Wir fragen einfach mal die Leute hier: Glauben Sie, dass dieses Gerät auch Töne von sich gibt? *(Antwort abwarten)*

1.: Sehen Sie, liebe Gottesdienstbesucher, die Radiowellen hier im Raum? *(Antwort abwarten).* Wenn wir die Radiowellen nicht sehen, dürfte es streng genommen auch keine Radiowellen geben. Oder?
Und nun vergleichen wir einmal miteinander: Es muss einen Sender geben, der ein Programm ausstrahlt. Sagen wir einmal, Gott ist wie so ein Sender – mit gutem Programm. Es gibt aber noch so manch andere Programme und Störsender neben Gott, die auch sagen: „Hey, Leute, <u>wir</u> haben das gute Programm! Gott geht nur auf Sendung für kleine Kinder, Alte und für ein paar Fanatiker!“, sagen die ...!

Gl.: Darf ich da mal unterbrechen? Es stimmt: Gott ist wie ein Sender. Und dass Gott nur was für Kinder, alte Leute und Fanatiker ist, das sagen auch nur die, die leider noch nicht begriffen oder erlebt haben, dass Gott das einzige Glück ist, das dir treu bleibt: im Leben vor dem Tod und im Leben nach dem Tod.

2.: Also gut: Gott wie der Sender, von dem ein gutes Programm ausgeht!

1.: Und dann, dann könnte Jesus – oder überhaupt jeder Mensch – so ein Empfänger sein. Jesus muss ja echt einen „heißen“ Draht zu Gott haben. So wie er die Leute anspricht ...! So wie er vom Himmelreich spricht, das zur Erde kommt ...! Der hat sich stark gemacht für die kleinen Leute und ist mutig vor den Großen und hält mit seiner Meinung nicht zurück!

2.: Ja und jetzt ist auch klar, was die Radiowellen in unserem Vergleich bedeuten: Der Heilige Geist! Der Heilige Geist ist sozusagen unsichtbar hier im Raum und überall! Er übermittelt uns die Gedanken und die Liebe Gottes. Er lässt uns immer wieder ein gutes Licht aufgehen, gibt gute Gedanken, was wir für eine bessere Welt tun können und sollen!

1.: Und mir zum Beispiel ist das schon öfter so ergangen: da bin ich down und kaputt. Und irgendwie – ich weiß gar nicht wie – bin ich dann wieder stark, traue mir etwas zu! Das ist ein Beispiel von vielen, wie der Heilige Geist wirkt, wenn ...

2.: ... wenn wir auf Empfang gehen!

Gl.: Danke! Ich denke, es ist recht gut herausgekommen, was ihr mit dem Radiogerät gezeigt und was ihr damit verglichen habt. Glauben heißt – modern ausgedrückt: Auf eine Wellenlänge mit Gott gehen!

3.) Nicht ohne mich!

Gl.: Bisher haben vor allem Jugendliche ihre Gedanken vorgetragen. Jetzt können Sie in den Bänken, wenn Sie wollen, mit dazu beitragen! Sie kennen das Spiel „Dalli – Dalli“. Was fällt Ihnen ein zu diesem oder jenem Thema? Und dann gilt es, möglichst viele Begriffe dazu zu finden. Das tun jetzt zunächst die Firmlinge/Konfirmanden und Sie fügen dann beherzt Eigenes hinzu! Mal hören, was dabei herauskommt ...!
Was fällt euch ein zum Thema: „Heiliger Geist“? Ihr habt 20 Sekunden Zeit!
(Antworten der Firmlinge/Konfirmanden sammeln:
Jesus – Pfingsten – Heiliger Geist – wie ein Wind – sich wieder vertragen – Liebe – Taufe – Konfirmation – Firmung – Taube – Paulus, der das Evangelium zu den Leuten bringt – Mutter Teresa, die die Ärmsten der Armen besucht und aufgerichtet hat – andere stärken – Gedanken Gottes lesen – Mut – Feuerzungen – Erleuchtung haben – ...)

Gl.: Stopp! Das waren jetzt ... Antworten. Die lassen wir alle gelten. Und jetzt noch aus der Gottesdienstgemeinde ... *(Antworten aus der Gemeinde sammeln)*
Prima: Jetzt haben wir sogar ... Antworten. Alle lassen wir gelten.
Eines noch: Mir fällt auf, dass niemand gesagt hat: „Ich!“

1.: Ich? Wieso denn das?

Gl.: Sind Sie denn nicht getauft? Nicht konfirmiert/gefirmt?

1.: Sicher! Ach, so meinen Sie das?

Gl.: Der Heilige Geist meint mich! Er will, dass ich unterscheiden kann zwischen Gut und Böse. – Er leitet mich zum Beten an, zur Nächstenliebe, zur Liebe zu Gott, zur Gerechtigkeit. Wie Radiowellen unsichtbar durch den Raum gehen, so auch der Heilige Geist. Ich brauche mich nur auf ihn einzustellen.

Fürbitten

Gl.: Gott, du bist für uns wie eine gute Mutter und wie ein guter Vater. Wir bitten dich:

1. Lass uns die Erhaltung der Schöpfung, die vom Würgegriff der Menschen bedroht ist, nicht nur anderen überlassen. – *Liedruf*

2. Steh den Menschen bei, die von Gewalt und Ungerechtigkeit bedroht sind. Und lass uns dabei helfen! – *Liedruf*

3. Hilf besonders den Christen, ihre Antennen richtig auszurichten, um die Funkzeichen des Heiligen Geistes aufzufangen. – *Liedruf*

4. Schenke uns die Erkenntnis, dass wir selbst auch Kirche und Gemeinde sind seit der Taufe. – *Liedruf*

Gl.: Dann loben und ehren wir dich, unseren Schöpfer und Erlöser, durch Christus, unseren Herrn.

Meditation

Siehe Anhang IV., Nr. 2.12: Seite 164.

(nach Bettina Preuß, Heidelberg, und Martin Auffarth, Karlsruhe)

32. Sende aus deinen Geist!

Symbol Erdkugel am seidenen Faden

Vorbereitungen

1. Eine große Weltkugel wird hergestellt: Dazu einen möglichst großen Dekorationsluftballon besorgen und aufblasen. Der Ballon wird mit Tapetenkleister beschmiert und mit viel Sisalkordel (ruhig 500-1000 m) umspannt. Wenn die Kugel getrocknet ist, die Luft rauslassen und den Ballon herausziehen (also irgendwo etwas freilassen, damit der Ballon dort herausgezogen werden kann!) Zusätzlich können auch die Konturen der Kontinente ausgeschnitten und mit Stecknadeln auf die Kugel gesteckt werden. Die Weltkugel wird an einem starken, seidenen (!) Faden im Altarraum so aufgehängt, dass sie im Stehen erreichbar ist. – Die Herstellung der Kugel ist einfach und macht Spaß.

2. Zwei große Collagen sind vorbereitet: Eine zeigt „Ungeist“: Panzer, Bomben, Krieg, Stacheldraht, Terror, Unfälle, drohende Fäuste, Sprechblasen mit Vorur-

teilen und Ausgrenzungen wie: „Knoblauchfresser“, „Verschwinde hier!“, „Ausländer raus“ ... Die andere Collage umschreibt den guten Geist mit lachenden, freundlichen Menschen, Brücken, Hände, die sich versöhnen oder Brot verteilen, Fotos aus den Aktionen wie Kleidersammlung, Hungermarsch ...

3. Ein paar Blumen in Röhrchen mit Wasser (im Blumengeschäft ausleihen). – Ein paar kleine Kerzen, die später von Christbaumkerzenhaltern im Ballon festgehalten werden. – Einige längere Efeuranken. – Jeweils zur Predigt, zu den Fürbitten und zur Meditation werden Blumen, brennende Kerzen und Efeuranken hinzugefügt.

4. In der Vorbereitungszeit sollten ein Besuch bei „Container-Menschen“, eine so genannte Dritte-Welt-Aktion (z.B. ein Hungermarsch, eine Kleidersammlung) oder die Aktion „Krankentag“ (= Besuch alter und kranker Menschen) stattgefunden haben.

Lesungen: Ps 104 oder Ps 148 in Auszügen: Loblied und Danklitanei auf den Schöpfer;
Apg 2,1-13: Das Pfingstereignis leitet den Umschwung ein;
Joh 14,15-17.26-27: Der Vater wird euch einen anderen Beistand geben.

Kurzgeschichte

Der Faden nach oben. Siehe Vorschlag Nr. 22, Seite 82f.
Oder:
Der Zauberteppich, „Kurzg. 4“, Nr. 187 und Das Gasthaus, Nr. 188.

Nach dem Evangelium Predigtmeditation

Die beiden Collagen vom „Ungeist“ und dem guten Geist werden gezeigt und von jeweils zwei Jugendlichen erläutert. –
Unsere Erde hängt bald am seidenen Faden, wenn wir nicht mehr unternehmen. Wie viele Löcher zeigt schon die ausgebeutete Erde: Wenn wir sie nicht stopfen, müssen die nächsten Generationen auf Betonfeldern und zwischen Stacheldrahtzäunen aussäen und ernten.

(Während Jugendliche jetzt von ihren Aktionen berichten – siehe Vorbereitungen 4 –, gehen immer wieder andere Jugendliche an die Weltkugel aus Sisal und stecken Blumen in die Röhrchen, hängen Efeuranken ins Geflecht oder stecken Kerzen, die sie am Altar oder der Osterkerze entzünden, in die Halter – siehe Vorbereitungen 3.)

Gl. geht dann kurz auf den Faden „nach oben“ ein, der uns zusätzlich Motivation sein kann, mit dem Geschenk aus Gottes Hand verantwortungsvoller umzugehen.

Fürbitten

(Auch während der Fürbitten wird die Erde weiter mit Blumen, Kerzen und Efeu geschmückt.)

Gl.: Angesichts der brennenden Probleme bei uns und anderswo rufen wir zum dreifaltigen Gott:

1. Für alle, die Macht haben in Staaten, Kirchen und religiösen Gemeinschaften: um den Geist der Versöhnung. – *Stille oder Liedruf*

2. Für alle Gemeinschaften, die von Gewalt, Bomben und Fäusten bedroht sind: um den Geist des Friedens. – *Stille oder Liedruf*

3. Für alle, die versuchen, Brücken der Gerechtigkeit und Freiheit zu schlagen: um den Geist des Mutes und der Ausdauer. – *Stille oder Liedruf*

4. Für alle, auch für uns selbst, die in ihren Familien, Schulen oder an ihren Arbeitsplätzen Mauern und Abgrenzungen bemerken: um den Geist der Freundlichkeit und des Miteinanders. – *Stille oder Liedruf*

Gl.: Denn nur mit unserer Hilfe kann diese Welt gerettet werden. Und darum bitten wir durch Christus, der mit dir lebt und liebt in alle Ewigkeit.

Hinweis: Weitere Bitten siehe Anhang III., Seite 148f.

Meditation

(langsam auf Musik sprechen; dabei werden die letzten Blumen, Kerzen und Efeuranken in die Erdkugel gesteckt)

1.: Der Geist des Friedens kann überall Blumen der Freude wachsen lassen, wenn wir ihn zulassen. Dieser Geist verändert, erneuert und bereitet das Fest.

2.: Der Geist der Versöhnung kann die Herzen wieder aufatmen lassen, heller und freundlicher machen, wenn wir ihn zulassen. Dieser Geist lässt den Neuanfang zu, durchdringt und erwärmt, gibt Orientierung und Sinn.

3.: Der Geist der Zuversicht kann neue Hoffnung sprießen lassen, wenn wir ihn zulassen. Dieser Geist gibt der Erde ein neues Gewand, belebt mit frischem Sauerstoff und lässt das ewige Fest der Erneuerung ahnen.

Hinweis: Weitere Meditationen siehe Anhang IV., Seite 153f.

(Nach Ideen von Ulrich Hinzen, Köln und Peter Frowein, Meckenheim)

Die Sache Jesu braucht Begeisterte

Entwürfe für Jugendliche ab ca. 16 Jahre

33. Getragen von Feuer und Wind

Symbol Heißluftballon

Vorbereitungen

1. Im Altarraum hängt ein Ballon mit Korb von der Decke (Aufhängung wie Adventskranz): Entweder ein Ballon aus zwei in der Mitte gefalteten und zusammengehefteten runden, farbigen Pappscheiben oder ein riesiger Luftballon mit gekleisterter Kordel (Herstellung siehe unter Vorschlag Nr. 32, Vorbemerkungen 1). Der Korb kann aus Papier in Origami-Technik gefaltet sein oder es hängt ein richtiger kleiner Korb darunter.
   Es genügt auch ein großes Foto. Oder: Für die Missio-Leuchtbox wird ein Bild aus schwarzem Tonpapier – transparent hinterklebt – gebastelt. Eventuell liefert der Heimcomputer die Schablone für den Schriftzug „Glaube trägt" oder „spirit" (= Geist).

2. Stifte zum Beschriften mtibringen und Zettel (= „Ballast"), die in der Flamme der niedrig gestellten Osterkerze verbrannt werden.

3. Auf den Ballon werden alle Namen der jungen Leute geschrieben, die heute gefirmt/konfirmiert werden.

Einleitung

Wenn Jugendliche fast erwachsen sind, können ihre Hobbys waghalsiger werden. So ein Hobby könnte heißen: Drachenfliegen oder Paragleiten oder – Heißluftballon. Wer möchte nicht mitfliegen, wenn so ein Heißluftballon am Himmel steht und wir fasziniert voller Sehnsucht ihm nachschauen? Der Heißluftballon soll uns als Symbol dienen für das, was wir heute feiern.

Lesungen: Apg 2,1-13: Alle wurden vom Heiligen Geist erfüllt;
Mt 14,22-33: Vertrauen und Glauben tragen über alle Abgründe.

Predigt als Zwiegespräch

1.: So ein Ballon ist geschaffen zum Fliegen. Am Boden liegt er unbeweglich und schlaff und ist nicht zu gebrauchen.

2.: So ergeht es auch uns manchmal: Die täglichen Sorgen drücken zu Boden, der Ballast der Seele zieht uns nach unten und wir hindern uns gegenseitig durch Vergleichen und Argwöhnen, uns endlich in die Luft zu heben. Aber ein junger Mensch müde am Boden, wen fasziniert er? Und ein schlaffer Christ langweilt auch nur. Wie kann der Ballon abheben?

1.: Er braucht Feuerstöße voll heißer Luft und den Mut, sich dem Wind anzuvertrauen.

2.: Feuer und Wind sind Symbole für den Heiligen Geist. Sein Geist weht, wo er will. Wer sich auf ihn einlässt, wird emporgehoben und weiß nicht, wo er einmal landen wird.

1.: Dann müssen noch die Leinen gekappt werden. Starten kann keiner ohne die Hilfe anderer.

2.: Alles im Leben fällt leichter, wenn uns andere zur Seite stehen. Wir brauchen die Hilfe und die Ermunterung einer Gemeinschaft, die sich für den Geist Jesu offen hält.

1.: Wer nicht hoch genug fliegt, bleibt in Baumwipfeln hängen. Andererseits brauchen wir aber auch Ballast, um den Ballon zu dirigieren. Ohne Korb und Sandsäcke stiege der Ballon höher und höher und könnte in der dünneren Luft „zerplatzen".

2.: Wir brauchen also besonders als Christen immer wieder die Feuerstöße des Heiligen Geistes, um an Höhe zu gewinnen. – Wer sich von Gott getragen und geführt weiß, verfällt nicht dem Hochmut, er habe Gott und die Menschen nicht nötig. Ein solcher Mensch kann nicht so leicht in den Anfechtungen des Lebens zerplatzen.

1.: Wer hoch genug fliegt, sieht die Welt aus einer neuen Perspektive: Er bekommt einen weiteren Horizont; erkennt größere Zusammenhänge.

2.: Wer sich vom Feuer und Wind des Heiligen Geistes tragen lässt, stößt nicht mehr an Maulwurfshügel. Er kann Abgründe, Berge und Wasser überqueren. Wir staunen und ahnen, was mit Gott im Rücken alles möglich ist.

1.: Immer gab und gibt es Menschen, die sich ganz vom Geist Gottes erfüllen ließen und lassen. Es waren Querdenker in der Gesellschaft – oft genug lange verleumdet und in die Ecke gestellt.

2.: Wir sind aufgerufen – nicht nur an diesem Festtag – uns von Gottes Geist erfüllen zu lassen. Am Wendepunkt unseres Lebens liegt es auch in unserer Entscheidung, ob wir lieber am Boden bleiben oder uns von Jesus und seiner Gemeinde einspannen lassen.

(Zum Teil nach Ursula Braun, Krefeld-Traar, und Ulrike Fell, Bergheim)

Fürbitten

Siehe Anhang III., Seite 148f.

Meditation

(„Ballast"-Zettel werden in einer Stillephase beschrieben mit allem, was niederdrückt oder vom Starten abhält. Nach jeder Fürbitte werden sie in der Flamme der niedrig gestellten oder niedrig gehaltenen Osterkerze beim Liedruf verbrannt.)

1.: Komm, Heiliger Geist, und vertreibe aus unseren Herzen alle Angst und Bitterkeit, Bequemlichkeit und Schläfrigkeit. Mache aus uns wieder Begeisterte für die Sache Jesu!

Liedruf: Einer hat uns angesteckt …
(Refrain aus „Troubadour" 116, neu 8)

2.: Komm, Heiliger Geist! Dein verzehrendes Feuer schmelze den Eispanzer der Mutlosigkeit und Gleichgültigkeit um unsere Herzen. Er schenke uns neue Aussichten zum Leben und Überleben. – *Liedruf wie oben*

1.: Komm, heißer Atem Gottes! Erfülle mit neuem Mut die Geängstigten und Depressiven. Erlöse sie von allen niederdrückenden Erfahrungen. Beschenke sie mit einem neuen Anfang. – *Liedruf wie oben*

2.: Komm, feuriges Schwert des Geistes Gottes! Zerschlage die Taue der faulen Kompromisse, die uns nur unterdrücken und am Boden halten. – *Liedruf wie oben*

1.: Komm, Glut Gottes, die reinigen kann von den Schlacken des Bösen und die Bande des Hasses durchbrennen kann. – *Liedruf wie oben*

2.: Komm, du Wind Gottes! Fege unsere falschen tausend Absicherungen hinweg, damit wir frei und ungebunden uns erheben können, um neuen Ufern näher zu kommen. – *Liedruf wie oben*

1.: Komm, du Sturm Gottes! Trage uns über den Horizont unserer kleinen Welt hinaus und lass uns dein Reich des Friedens und der Gerechtigkeit ahnen. – *Liedruf wie oben*

34. Begeisterung möglich?

Symbol Feuerzeug

Vorbereitung

Ein Gasfeuerzeug liegt bereit.

Lesungen: Apg 2,1-11: Alle wurden vom Heiligen Geist erfüllt;
Mt 4,18-22: Folgt mir nach;
Joh 20,19-23: Er hauchte sie an.

Sprechspiel

(Gl. mit zwei Jugendlichen; der Text von Gl. kann auch von einer Katechetin oder einem Katecheten gesprochen werden.)

Gl.: *(zeigt das Feuerzeug)* Mit diesem Feuerzeug möchte ich nicht die Letzten unter uns zum Rauchen überreden; mich hat diese Erfindung einfach fasziniert. Ich glaube, ein Feuerzeug kann uns etwas zum Thema „Begeisterung“ sagen, von der wir Erwachsene manchmal träumen, wenn wir euch junge Leute sehen.

1.: Das verstehe ich nicht ganz. Wollen Sie uns damit vielleicht sagen, dass wir Jugendliche uns auch mal mehr für die Kirche begeistern sollten? Aber was hat das mit einem Feuerzeug zu tun?

2.: Ein bisschen ahne ich es schon: Wenn so ein Feuerzeug brennen soll, muss zuerst ein Funke überspringen. Wo der berühmte Funke überspringt, kann die Flamme der Begeisterung Nahrung bekommen. Aber hier hapert es ja: Wovon soll bei der Kirche, die wir heutzutage erleben, ein Funke überspringen? Ich möchte mich für etwas Tolles begeistern; etwas, das in unserer Gesellschaft „in“ ist; was zählt; wo etwas rüberkommt! Aber da gehe ich lieber zu einem Konzert oder einer Sportveranstaltung.

Gl.: Begeisterung fällt in der Tat nicht vom Himmel. Dabei will ich die Eigentore der Kirche oben wie auch unten in den Gemeinden nicht verschweigen. Aber in der Urkirche stand auch nur ein Häufchen Jüngerinnen und Jünger gegen die Masse der Andersgläubigen und doch ging von ihnen eine Faszination aus, die schließlich einen regelrechten Flächenbrand im positiven Sinne verursachte.

1.: Nein, mehr! Da war wirkliche Begeisterung, wenn sich an einem Tag Dreitausend nach der Predigt des Petrus taufen ließen (Apg 2,41). – Aber heute! Vielleicht ist das Flämmchen schon deshalb schwach, weil wir echte Begeisterung bei der Mehrzahl unserer Eltern und Geschwister nicht mehr bemerken können.

2.: Zurück zum Feuerzeug: Die Flamme erlischt sofort, wenn mein Finger das Ventil des Feuerzeuges loslässt. Begeisterung fällt also nicht vom Himmel: Ich muss selbst aktiv werden und nicht ständig die Umgebung für alles verantwortlich machen!

1.: Der schwache Punkt liegt ja an der Stelle, dass wir in der Regel gar nicht gefragt wurden, ob wir zu Jesus und seiner Kirche gehören wollten. Wir sind einfach als Säuglinge getauft worden.

Gl.: Aber die Eltern haben doch in allen Bereichen für euch Entscheidungen gefällt: in welchen Kindergarten ihr gehen solltet, in welche weiterführende Schule; ja selbst bei der Berufswahl sprechen sie ein gewichtiges Wort mit. Aber sie wollten und wollen euch doch mit ihren Entscheidungen nicht bestrafen, sondern wählten etwas aus, von dem sie glaubten, dass es gut für euch wäre.

2.: Die ungetauften Schulkameraden, denen die Eltern die freie Wahl für später überlassen haben, drängen sich ja schließlich auch nicht zur Kirche, wenn sie sie nicht von innen kennen gelernt haben.

Gl.: Es muss also etwas geben, das „von innen“ kommt, denn Wohlstand oder Wachstumsraten bringen uns ja nur zweifelhaft vorwärts. Wie denn auch beim Feuerzeug das Gas „von innen“ kommt, das uns bei der Taufe in besonderer Weise geschenkt wird.

1.: Ja, erst wenn ich innerlich von etwas wirklich überzeugt bin, kann ich auch dauerhaft begeistert sein.

Gl.: Ohne Gemeinschaft ist das, glaubc ich, nicht zu schaffen. Eine Mannschaft stellt sich auch vor dem Match zusammen, um sich noch einmal Mut, Motivation und Siegeswillen einzuhämmern. Gesucht wird also eine Gemeinschaft, die meinem Glauben Nahrung gibt; auch weil ich in der Klasse oder an der Arbeitsstelle oft nur Menschen treffe, die für den christlichen Glauben nicht mal mehr ein müdes Lächeln übrig haben.

2.: Leider erfahren wir diesen Zusammenhalt in christlichen Gemeinschaften nicht immer. Die Gottesdienste langweilen, die Christen haben wie viele andere „liebe“ Mitbürger zwei Gesichter und wenn's drauf ankommt, stehst du doch alleine da.

1.: Mich würde eine Gemeinde begeistern, die untereinander Toleranz zeigt; Menschen, die nicht übereinander urteilen, die mich annehmen, so wie ich bin – mit meinen Vor- und Nachteilen – eigentlich Leute, die etwas von dem widerspiegeln, was Jesus gelebt hat.

Gl.: Aber so eine Gemeinde setzt sich aus Einzelpersonen zusammen: Sie ist nur so gut, wie die Summe der Einzelnen. Damit sind wir wieder beim Feuerzeug: Ich muss das Ventil geöffnet halten, also auch selbst etwas tun, damit die Flamme brennt. Und dann – das hoffe und wünsche ich für euch – kommt irgendwann auch Begeisterung auf!

(Nach einer Idee einer Jugendmessgruppe in 53505 Altenahr)

Fürbitten

Siehe die Gottesdienstvorschläge Nr. 5 und 24.

Meditation

Siehe unter dem Gottesdienstvorschlag Nr. 5.

35. Firmung/Konfirmation als Führerschein fürs Leben

Gleichnis Führerschein

Hinweis: Vom Alter her fallen natürlich hier die Konfirmanden ab, aber ihr Interesse ist naturgemäß hoch für dieses Gleichnis.

Vorbereitung

Die Bibelworte, die eine „Fahrerlaubnis“ geben, stehen auf schön gestalteten Handzetteln, von denen die Jugendlichen vorlesen. Ein Original-Führerschein wird benötigt. Eventuell erhält jede/r Jugendliche einen „Führerschein“, auf dem steht: „Dir ist auf deiner Lebensstraße Gottes Geist zugesagt.“

Lesungen: Röm 12,9-21: Bibelworte, die uns Fahrerlaubnis geben;
Joh 15,9-17: Mit Jesus verbunden bleiben und in seinem Geiste leben.

Sprechspiel

(Nach der Lesung aus dem Römerbrief kommen Jugendliche mit Handzetteln und lesen noch andere Bibelworte vor, die „Fahrerlaubnis" erteilen.)

1.: Wir wissen, dass Gott bei denen, die ihn lieben, alles zum Guten führt (Röm 8,28).

2.: Wer in mir bleibt und in wem ich bleibe, der bringt reiche Frucht (Joh 15,5).

3.: Wer den Willen Gottes tut, bleibt in Ewigkeit (1 Joh 2,17).

4.: Wenn ihr den Menschen ihre Verfehlungen vergebt, dann wird euer himmlischer Vater auch euch vergeben (Mt 6,14).

5.: Ich bin bei euch alle Tage – bis zum Ende der Welt (Mt 28,20).

6.: Ich bin gekommen, damit sie das Leben haben und es in Fülle haben (Joh 10,10).

7.: Alles vermag ich durch ihn, der mir Kraft gibt (Phil 4,13).

8.: Ich habe euch Freunde genannt (Joh 15,15).

9.: Was ihr für einen meiner geringsten Brüder und eine meiner geringsten Schwestern getan habt, das habt ihr mir getan (Mt 25,40).

10.: Wenn ihr mich um etwas in meinem Namen bittet, werde ich es tun (Joh 14,14).

(Hier können Jugendliche auch andere Schriftstellen anfügen, die ihnen viel bedeuten.)

Predigt

(Gl. zeigt einen Führerschein) In unserer mobilen Gesellschaft bedeutet ein Führerschein so etwas wie ein Reifezeugnis. Jetzt bist du erwachsen, bist Herr über eine Menge PS und hast eine größere Bewegungsfreiheit.
Heute bekommt ihr in der Firmung/Konfirmation die Fahrerlaubnis für den christlichen Weg. Ich darf einmal das heutige Fest mit dem Führerschein vergleichen:

Bildhälfte	Sachhälfte
Für den Führerschein müsst ihr volljährig sein.	Mit dem heutigen Tag seid ihr erwachsene Christen mit allen Rechten.
Er ist oft wichtig für den Beruf.	Gottes Geist ruft euch zu Mitarbeit und christlichem Engagement auf.
Er schenkt Freiheit, die es zu nutzen gilt.	Er stärkt euch in den Entscheidungen für das Gute. Liebe – und dann tu, was du willst (Augustinus).
Mit ihm (und dem Auto) kann ich schneller andere erreichen: er ist kommunikativ.	Ich kann besser „kommunizieren" mit der Gemeindeleitung, den Mitarbeiterinnen und Mitarbeitern.
Ich kann ihn missbrauchen, indem ich unverantwortlich und rücksichtslos fahre.	Ich kann mich dem Geist Gottes verschließen durch Bequemlichkeit, Gleichgültigkeit, Fanatismus, Intoleranz ...

Fast jedes Gleichnis hinkt. Der Führerschein kann uns abgenommen werden, nicht aber das, was Gottes Geist uns heute und immer schenkt. – Ein Führerschein kostet viel Geld, der Tarif bei Gott ist kostenlos und nicht von einer Leistung abhängig. – Der Führerschein ist die einzige Zulassung für die Autostraße. Zu Gott aber führen verschiedene Wege – auch außerhalb der Kirchen.
Als getaufte und gefirmte/konfirmierte Christen seid ihr eingeladen, die Straßen dieser Welt zu Straßen Gottes zu machen.
(Eventuell folgt hier erst das Evangelium.)

(Nach Peter Frowein, Meckenheim)

Fürbitten

Siehe Anhang III., Seite 148f.

Meditation

Siehe Anhang IV., Seite 159f.: 2.3, 2.5, 2,8.

36. Auf dem Weg zum Lebensglück

Symbol Verkehrsschilder

Vorbereitung

Die unten angegebenen Verkehrsschilder auf Karton malen oder bei der örtlichen Straßenmeisterei beziehungsweise beim Straßenverkehrsamt ausleihen.

Lesungen: 1 Kor 9,24-25: Fahrt so, dass ihr den Siegespreis gewinnt;
Lk 9,1-6: Die Aussendung der Jünger.

Sprechspiel

Gl.: Die Firmung/Konfirmation ist eine wichtige Etappe in eurem Christenleben, die sagen will: Ihr steht jetzt in voller Mitgliedschaft. Ihr seid erwachsen. Heute bekommt ihr genügend Rückenwind für euren weiteren Lebensweg. Aber wer sein Glück will, muss dennoch einiges beachten. Es ist wie bei der Fahrt mit dem eigenen Auto auf den Straßen dieser Welt.

(Die Jugendlichen heben das jeweilige Schild zunächst hoch.)

1.: Das **„Freie Fahrt"-Schild:** Beim Anblick dieses Schildes freut sich jede Autofahrerin und jeder Autofahrer. Endlich kann die Landschaft an mir vorbeifliegen. Endlich komme ich zügig vorwärts. Keine Baustelle, keine Beschränkungen. Ich darf mich des Lebens freuen. Endlich Freiheit!

2.: **Achtung, Schleudergefahr!** Wenn du nicht aufpasst, kriegst du hier die Kurve nicht! Hast du gutes Profil? Sonst hebst du hier ab. Leichtsinn oder Größenwahn, Unvernunft oder Egoismus landen im Straßengraben!

3.: **Achtung, Überholverbot!** Zeit ist Geld, sagst du. Es kann schon nerven, wenn sich alle an dem ausrichten müssen, der hier der Langsamste ist. Sich nach dem Schwächsten zu richten erfordert Disziplin und Rücksichtnahme. Aber das Schild wurde nicht zur Schikane aufgestellt.

4.: **Achtung, Stopp-Schild!** Es kommt noch schlimmer. Hier nützt auch nicht die „eingebaute Vorfahrt". Hier zählt nur der absolute Stillstand.

Hier hat der andere unbedingten Vorrang – und wenn ich mich für noch so schnell, so schön und für den absolut Größten halte.

5.: **Achtung, Durchfahrt verboten!** Hier hast du nichts zu suchen, auch wenn du meinst, so schneller vorwärts zu kommen. Es gibt Menschen, Süchte, Gedanken, Ecken im Internet, die kannst du nur meiden, wenn du glücklich werden willst.

6.: **Achtung, Sackgasse!** Du hast natürlich die Freiheit hineinzufahren, also dem anderen die Freundin auszuspannen, was mitgehen zu lassen, zu verleumden und zu betrügen. Hoffentlich ist Platz genug zum Wenden da! Such dir einen anderen Weg! Bei Gott hast du immer die Chance der Umkehr!

7.: **Parken erlaubt!** Wir brauchen Orte zum Erholen von der Hetze und zum Nachdenken: Bin ich auf dem richtigen Weg zum Glück? Nehme ich mir Zeit zum Sprechen, Spielen, Tanzen, Feiern? Atmet meine Seele noch? Kann nicht auch der Gottesdienst am Wochenende ein Parkplatz auf dem Weg zu mehr innerer Zufriedenheit sein, wenn die Seele einmal richtig durchatmet?

(Hier können Jugendliche noch weitere Schilder „durchleuchten", wie „Engpass", „Geschwindigkeitsbegrenzung" = wir dürfen nicht alles, was möglich und machbar ist; „Vorfahrt achten", „verengte Fahrbahn", „absolutes Halteverbot", „Umleitung" ...)

Zuletzt folgt ein Schild **„Vorfahrt achten"** mit einem Kreuz, an dem ein Mensch hängt (1), oder mit einer „Flamme" [= Heiliger Geist] (2) oder der Geisttaube mit Heiligenschein (3).

Gl.: *(zeigt das Schild)* Ich wünschte, es begegnete euch auch jeden Tag einmal dieses Schild, das sagen kann: „Lege heute keinen Menschen aufs Kreuz" oder „Kreuzige heute keinen Menschen". Der Paragraph 1 der Straßenverkehrsordnung erfasst eigentlich sämtliche Gebots- und Verbotsschilder. Da heißt es: „Jeder Verkehrsteilnehmer hat sich im Straßenverkehr so zu verhalten, dass kein anderer gefährdet, geschädigt und kein anderer mehr als nach den Umständen unvermeidbar behindert oder belästigt wird." So ähnlich fasst dieses Schild das Hauptgebot der Gottes- und Nächstenliebe und darin alle anderen Gebote zusammen. Auf dem Weg zum Lebensglück können uns Jesus und sein Heiliger Geist eine große Hilfe sein (1). Brennt noch ein Feuer in dir, das nicht zu löschen ist, dessen Flammen heute besonders lodern? Das Feuer des Vertrauens auf Gott, das Feuer der Liebe zu den Menschen und einer Hoffnung, die nicht k.o. zu schlagen ist? Nicht mehr und nicht weniger verlangt Gott von uns (2). Bietest du Gottes Geist noch Landeplätze an (3)?

Fürbitten

Siehe Anhang III., Seite 148f.

Meditation

Siehe Anhang IV., Seite 153f.

37. Gottes Geist zulassen

Schattenspiel

Vorbereitung

Eine spielbegeisterte Gruppe kann unten stehendes Schattenspiel aufführen. Dazu braucht man weder Kostüme noch eine Bühnendekoration, nur ein großes Leintuch, das gehalten oder festgezurrt ist, und eine Lichtquelle, wie zum Beispiel durch einen Overhead- oder Diaprojektor. Achtung: Wenige, aber dafür ausdrucksvoll langsame Gesten und Bewegungen wirken besser! – Mit Jugendlichen die nachfolgenden Szenen ändern oder neue einfügen! – Die Szenen sind auch für eine Pantomime geeignet.

Schattenspiel

Gl.: Was an Pfingsten geschah: Die Erstarrung der Jünger hinter verschlossenen Türen, dazu ihre Angst, dann plötzlich – aus heiterem Himmel Hoffnung, Befreiung, ja Begeisterung. Ob das heute auch noch möglich ist?

1. Szene

(Zwei Personen stehen mit Abstand stocksteif Rücken gegen Rücken.)

Kommentar:
(meditativ sprechen:)
Die zwei haben sich nichts zu sagen. Starr und steif. Da bewegt sich nichts!
So geht es vielen: mit dem Freund, der Freundin verkracht. – Mit dem Ehepartner fertig sein: zuerst war da noch Wut, Hass – jetzt eisiges Schweigen. – Keine Brücke zum Kollegen. – Kein versöhnendes Wort. Alles ist erstarrt.

(Durch eine Person geht ein Ruck; sie wendet sich langsam der anderen zu. Auch in die zweite Person kommt Leben; sie wendet sich um. Beide machen Gesten des Verstehens, der Annahme – auch während des Kommentars.)

Kommentar:
Erwartet hätte das keiner mehr. Ein Ruck geht durch einen der beiden. Irgendetwas treibt an. Der erste Schritt wird getan, das erste Wort wieder gesprochen. Da führt eine Kraft, die stärker ist als Sturheit. – Wenn so etwas geschieht, hat der Heilige Geist eine Landebahn im Menschen gefunden.

2. Szene

(Vier Personen stehen nebeneinander: Eine macht eine bestimmte Bewegung vor, die anderen exerzieren sie nach; eine setzt einen Hut auf und fordert die anderen auf, es gleichzutun. Je mehr die Gruppe sich angleicht, desto mehr verschmelzen die Schatten, bis schließlich nur noch eine amorphe Masse übrig bleibt.)

Kommentar:
In der Gruppe gibt einer den Ton an. Die anderen machen mit, machen alles nach. Einer befiehlt, die anderen folgen. Sie gehen auf in der Masse. Sie ordnen sich der Clique unter; verlieren ihre eigene Persönlichkeit; schwimmen mit dem Strom. So ist es einfach. So ist man akzeptiert. – Es ist anstrengend, eine eigene Meinung zu haben.

(Eine Person löst sich aus der Gruppe, sodass ihr Profil wieder deutlich wird. Sie legt die Massenkennzeichen ab, bewegt sich individuell. Die anderen werden zur Mauer, die ihr den Rücken zuwenden.)

Kommentar:
Erwarten konnte das niemand, aber einen treibt etwas. Die Person gibt sich einen Ruck. Sie überwindet das angepasste Mitlaufen. Sie wagt es, ein eigener Mensch zu sein! Mit eigenen Gedanken, einem eigenen Weg! Zivilcourage, auch wenn es die anderen nicht danken!
Wo so etwas über Menschen kommt, ereignet sich Pfingsten, wirkt Gottes Geist.

3. Szene

(Eine Gruppe steht auf der einen Seite, ein Einzelner abseits auf der anderen. Er bewegt sich auf die Gruppe zu, möchte Anschluss, aber die Gruppe wehrt ab. Alle erstarren und bleiben so auch während des folgenden Kommentars.)

Kommentar:
Ein Einzelner sucht Anschluss: Er spricht die Gruppe an – keine Reaktion. Er tippt einem auf die Schulter. Keine Chance: sie zeigen die kalte Schulter. – So geht es vielen. Sie möchten dazugehören, werden aber übersehen, abgestoßen – nur weil sie anders sind; vielleicht andere Klamotten tragen oder Ausländer sind. Da bewegt sich nichts.

(Plötzlich kommt Bewegung in die Gruppe. Sie lädt den Einzelnen ein, hinzuzukommen. – Die Spieler stellen sich so, dass eine Gemeinschaft sichtbar wird, aber jeder sein eigenes Profil erhält.)

Kommentar:
Zu rechnen war nicht damit nach alledem, was war. Aber dann geht ein Ruck durch die Gruppe. Etwas treibt sie. Sie öffnet sich. Da ist eine Kraft, die Vorurteile überwindet. Jetzt hat jeder eine Chance. Zu verstehen ist das nicht. Nur festzustellen: Es ist alles neu geworden. Gottes Geist wurde zugelassen. Die Türen stehen offen.

(Nach Gerhard Vidal und Gernod Hussong)

Lesungen: Apg 2,1-13: Das Pfingstereignis;
Apg 2,42-47: Sie bildeten eine Gemeinschaft;
Joh 20,19-23: Er hauchte ihnen neuen Odem ein.

Fürbitten

Siehe Anhang III., Seite 148f.

Meditation

Siehe Anhang IV., Seite 158f.: 2.1 – 2.6, 2.8, 2.11.

38. Die Auferstehungsblume

Symbol Rose von Jericho

Hinweis: In diesem Gottesdienst werden nur ca. 17-jährige Firmlinge angesprochen, weil das Alter der Konfirmanden doch erheblich niedriger ist. Vom Ansatz her kann dieser Gottesdienst aber auch mit Jüngeren gefeiert werden.

Vorbereitungen

1. Zwei besonders große Exemplare der „Rose von Jericho“ liegen im Altarraum bereit: die eine im trockenen Zustand, die andere ist geöffnet (entweder einige Stunden vorher in Wasser legen oder ca. 15 Minuten vorher mit heißem Wasser übergießen). Sie können auch in zwei Schalen in der Gemeinde rundgereicht werden.

2. Für jeden Firmling ein Exemplar als Geschenk in ein nettes Tuch (wie für eine Wanderschaft) binden. Sie erhalten die „Rose von Jericho“ in großen Gärtnereien wie zum Beispiel in der Klostergärtnerei Maria Laach für ca. 3,– DM.

3. Sie können die Pflanze zum Öffnen bringen und ein kleines Geschenk hineinlegen. Wenn sie dann wieder eingetrocknet ist, umschließt sie das Geschenk und birgt so eine verpackte Überraschung!

4. Achtung: Die Rose kann unendlich oft zum Öffnen und Schließen veranlasst werden. Nur bitte nicht länger als eine Woche im Wasser lassen: Sie ist eine Wüstenpflanze und braucht die Trockenphasen.

5. Das Aufblühen kann während des Gottesdienstes per Overhead-Projektor für alle sichtbar gemacht werden: Sie stellen ein Gefäß mit flachem Boden aus Glas oder glasklarem Plastik auf die Projektionsfläche, füllen es bodenbedeckend mit Wasser und legen eine zusammengefaltete Papierblume hinein (s. Abb.). Es ist ratsam, dafür ein nicht zu stark saugendes Papier (= Schreibmaschinenpapier) zu verwenden, damit das Aufblühen nicht zu rasch vor sich geht.

6. Alle Teilnehmer/innen erhalten das Papiermodell aus saugfähigem Papier, um es zu Hause auszuprobieren.

(Punkt 5 und 6: Gerhard Vidal)

Lesungen: Ps 1: Wie ein Baum, an Wasserbächen gepflanzt;
Offb 22,1-2.17: Wer durstig ist, trinke vom Wasser des Lebens;
Joh 4,4-15: Das Wasser, das ich gebe, wird zur sprudelnden Quelle;
Joh 7,37-39: Wer Durst hat, komme zu mir.

Predigt

Ihr steht an der Grenze zum Erwachsensein und fällt immer häufiger eigene Entscheidungen. Und doch waren eure Gründe, die Vorbereitung zur Firmung mitzumachen, eher von Zweifel begleitet – als wir beim ersten Treff danach fragten. Aber dieser Weg war immerhin besser als sich – wie so viele – gar nicht anzumelden, weil dann die Möglichkeit gering ist, noch einen „Tropfen Wasser" aus der Quelle der Kirche mitzubekommen. Wir Katecheten und Katechetinnen hoffen, dass das in manchen Stunden gelang.
Wieso Tropfen Wasser? *(Gl. zeigt eine aufgeblühte und eine noch geschlossene Rose)* Hier zeige ich euch ein botanisches Wunder. Diese Pflanze heißt „Rose von Jericho" und gehört als Moosfarn in die Familie der Bärlappgewächse. Sie lebt in der Wüste. Entdeckt sie irgendwo eine Spur Wasser, dann streckt sie ihre Wurzeln danach aus, entfaltet sich und hält sich fest, bis alle Feuchtigkeit aufgesogen ist. Dann zieht sie ihre Wurzeln wieder ein und lässt sich vom Wind weitertreiben. Sie

kann auch nach jahrzehntelanger Trockenheit wieder aufblühen, ja nach hundert- und tausendjähriger Dürre. Man fand sie als Grabbeigabe in viertausend Jahre alten Gräbern der Pharaonen und bei den ersten Christengemeinden in Ägypten und sie lebten immer noch. Darum bekam sie auch den Namen „Auferstehungsblume“. Außerdem ist sie eine Heilpflanze: Als Kompresse aufgelegt, heilt sie Verletzungen. Wer sie im heißen Dampf inhaliert, spürt große Erleichterung bei Erkältungskrankheiten. Sie vertreibt Ungeziefer und ist ein hervorragender Rauchverzehrer. In vielen orientalischen Familien wird sie von Generation zu Generation weitervererbt als Garant für Glück und Segen.
Diese „Rose von Jericho“ ist ein wunderbares Symbol für das, was in Taufe und Firmung geschieht: Der erste ordentliche Wasserguss bei der Taufe ließ unsere Seele unsichtbar aufblühen. Auch jede Ermunterung, jede positive Begegnung, jede Geborgenheit, jedes Gebet lässt uns innerlich wachsen. Wenn aber nicht genug weitere Güsse erfolgen, rollen wir uns wieder zusammen, zweifeln, resignieren vielleicht, trocknen innerlich aus und verkümmern hier und da.
Heute am Festtag könnt ihr wieder aufblühen, weil ihr den Rückenwind Gottes spüren könnt; weil er sich in seinem Sohn als guter Freund zeigt, der uns den Beistand des Heiligen Geistes versprochen hat.
Wann kommt der nächste Wasserguss an eure Wurzeln? Die Abschlussprüfung geschafft, einen Partner, eine Partnerin an der Seite, bei dem oder bei der ihr spürt, das wird was fürs Leben!? Und dann – Jahre später – wird vielleicht das größte Wunder in eure Hände gelegt – ein Kind, und es steht die bange Frage vor euch, von welchen Wassern dieser Welt lasse ich dieses Geschenk des Himmels trinken, damit es bei all den Süchten und Sekten die Gratwanderung des Lebens schafft.
Immer wieder wird der Geist Gottes an eure Herzenstüren klopfen, wenn ihr sie nicht verschlossen haltet. Es braucht Männer und Frauen, die den Ungeist in dieser Welt mit all ihren guten Kräften bekämpfen. Die Rose eures Herzens bleibt wie die „Rose von Jericho“ ein Leben lang dafür empfänglich, die Wasser der guten Geister aufzusaugen und sich immer neu zu entfalten.
Darum schenken wir euch zum heutigen Festtag eine „Rose von Jericho“. Wir wünschen euch, dass ihr sie ab und zu aus dem Abstellraum holt, um euch an das Wunder zu erinnern – das Gleichnis auch für euer und unser Inneres, das sich über das Gute in der Welt freut und dazu beiträgt, dass der Ungeist unterliegt.

Kurzgeschichte

1. Spr.: Ein portugiesischer Seifenfabrikant sagte zu einem Geistlichen: „Das Christentum hat nichts erreicht. Obwohl es schon bald zweitausend Jahre gepredigt wird, ist die Welt nicht besser geworden. Es gibt immer noch Böses und gemeine Menschen.“

2. Spr.: Der Geistliche zeigte auf ein besonders schmutziges Kind, das am Straßenrand im Dreck spielte, und meinte: „Schauen Sie, die Seife hat nichts erreicht. Es gibt immer noch Schmutz und schmutzige Menschen in der Welt.“

1. Spr.: „Seife“, entgegnete ihm der Seifenfabrikant, „nützt nur, wenn man sie auch benützt und anwendet!“

2. Spr.: „Sie haben den Nagel auf den Kopf getroffen“, antwortete ihm der Geistliche, „mit dem Christentum ist es genauso. Es hilft nur, wenn man es anwendet; wenn man versucht, nach der Frohen Botschaft zu leben.“

(Ulrich Frey nach „Kurzg. 3“, Nr. 80)

Alternative:

Als der verlorene Sohn sein ganzes Erbe vertan hatte und bei einem Brunnen Schweine hütete, sah er eines Abends, als sein Herz schwer war vor Heimweh, wie eines der Tiere eine kümmerliche, verdorrte Pflanze mit dem Rüssel vor sich herschob und sie schließlich zertrat. „So bin ich auch“, sagte sich der verlorene Sohn, „ohne Leben bin ich und nur wert, zugrunde zu gehen.“

Als er sich am nächsten Morgen mit seinen Tieren aufmachte, traute er seinen Augen nicht. Die Pflanze, die am Tag zuvor verdorrt und kümmerlich gewesen war, war wunderbar grün geworden und streckte viele Ästchen aus – wie ausgebreitete Arme. Da dachte der Sohn bei sich: „So wie diese verdorrte Pflanze zu neuem Leben und zur Entfaltung gekommen ist, gibt es auch für mich die Rettung aus der Dürre des Lebens. Auf mich warten die ausgebreiteten Arme im Vaterhaus.“

(Legende)

Lied: Wo ein Mensch Vertrauen gibt ... fällt ein Tropfen von dem Regen, der aus Wüsten Gärten macht … („Troubadour“ 509, neu 705).

Fürbitten

Gl.: Barmherziger Gott. Du hast uns deinen Beistand versprochen. Darum rufen wir:

1. Vielerorts verkümmern Gerechtigkeit und Frieden. Lass in Staaten und Kirchen die Wege zur Versöhnung begehbarer werden. – *Liedruf*

2. Menschen ziehen sich verbittert und enttäuscht aus Gemeinschaften zurück. Schenke ihnen Begegnungen, die einen neuen Anfang möglich machen. – *Liedruf*

3. Kranke und Arme kommen sich vor wie verwelkte Blumen. Schenke ihnen Regengüsse der Hoffnung und der Geduld. – *Liedruf*

4. Wir fühlen uns oft vertrocknet in mancher Wüste unseres Lebens. Lass uns wieder aufblühen in neuem Selbstvertrauen. – *Liedruf*

Gl.: Ja, dein Geist will Dürrem neues Leben eingießen, heilen, wo Krankheit quält, und lösen, was in sich erstarrt (GL 244, 7. und 8. Strophe). Darum bitten wir durch Christus, unseren Herrn.

Meditation

Siehe Anhang IV., Seite 159f.: 2.2 – 2.5, 2.8, 2.10.

39. Ein leiser Hauch von Gott

Symbol Klangspiel

Hinweise:

1. Theologischer Hintergrund: Der „Hauch von Gott“ erinnert an den Wind – ein Symbol für Gottes Geist.
2. Ein Klangspiel gehört zwar zum Rüstzeug der Esoterik, aber Schellen, Sakristeiglocke, Gong gehörten bereits immer in (katholische) Gottesdienste, die möglichst viele Sinne erreichen wollen.
3. Wichtig ist, die Klangmelodie nicht nur bei der Meditation einzubauen, sondern an wichtigen Stellen oder Worten auch im gesamten Gottesdienst. Nach dem Anschlag an das Klangspiel bitte genügend Stille lassen.

Vorbereitung

1. So dünn wie möglich werden aus rotem Ton Tauben, Feuerflammen ... geformt. Dann werden sie 36 Stunden gebrannt und so aufgehängt, dass der Wind hindurchfahren kann und alles zum Klingen bringt. Es kann mit den Jugendlichen überlegt werden, ob sie ein größeres Klangspiel dieser Art für den Altarraum gestalten oder mehrere kleine zum Verschenken an die Paten, an einen oder mehrere Gottesdienstbesucher.

2. Es gibt auch Klangspiele zu kaufen, die nach der Art eines Schellengongs harmonisch anschlagen und ausklingen, wenn ein Faden das Holz in Bewegung

bringt, das die verschiedenen gongähnlichen Klangstäbe auseinanderhält. Sie sind zum Beispiel erhältlich bei Reinhold Steinockel, Sternengasse 31, 97258 Pfahlenheim. Wenn Ihnen der Weg nicht zu weit ist, leihe ich Ihnen gerne meins aus: Glescher Str. 54, 50126 Bergheim-Paffendorf, Fax 0 22 71/4 38 57.

Lesungen: 1 Kor 12,3b-7.12-13: Wenn sich die verschiedenen Gnadengaben ineinander geben, ergibt sich Harmonie für das Ganze, die Gottes Geist bewirken will.
Joh 20,19-23: Jesus hauchte sie an und brachte seine Jünger in Bewegung (zum „Klingen“).

Begrüßung

Die Harmonie, die von Gott kommt, sei mit euch!

Bußakt

1. Unsere Welt braucht mehr Harmonie, wenn sie nicht auseinander brechen will. Die Kleinkriege zu Hause und in der Schule kosten so viel Ärger und Nerven. – Herr, erbarme dich!

Alle: Herr, erbarme dich!

2. Unser Miteinander erfordert mehr Harmonie, wenn wir uns wohl fühlen wollen. Viele von uns können einige Fremdsprachen; trotzdem verstehen wir oft nicht, was der andere sagen will. – Christus, erbarme dich!

Alle: Christus erbarme dich!

3. Unsere christlichen Gemeinschaften brauchen mehr Heiligen Geist, um Menschen voranzubringen. Unser oft genannter Wunsch nach mehr Miteinander ist noch immer zu oft ein Übereinander oder Gegeneinander. – Herr, erbarme dich!

Alle: Herr, erbarme dich!

Gl.: *Lossprechungsbitte.*

Meditation nach dem Evangelium

Er hauchte sie an – wie ich ein Windspiel anhauchen kann. *(Das Klangspiel anschlagen und ausklingen lassen.)*

Bei Landesgartenschauen sind die Klanggärten ein Renner. Da liegen junge Leute, aber auch Erwachsene, auf dem Rasen, haben die Augen geschlossen und nehmen die Schallwellen, die von überall her kommen, in sich auf. Sie sind ganz still – heiliges Schweigen – und lauschen den Sphärenklängen. Das Träumen bringt ihnen innere Ruhe und versetzt sie in gute Stimmung. – Wie ein leiser Hauch von Gott. *(Das Klangspiel anschlagen und ausklingen lassen.)*

Wer schon in Taizé war, diesem Treffpunkt von Christen aller Schattierungen, hört immer wieder die gleichen Gesänge: zart, summend, anschwellend – bis die Melodien und die Schwingungen sie ganz erfüllen. – Wie ein leiser Hauch von Gott. *(Das Klangspiel anschlagen und ausklingen lassen.)*

So etwas kann uns immer wieder erfüllen, wenn wir das „Gewand Gottes" berühren: bei einem Spaziergang am Strand beim Gleichklang der Wellen, beim Vogelkonzert im Wald, in der Freiheit der Berge, beim Staunen vor einem schönen Bild, beim Blick in den Sternenhimmel oder in die Augen eines geliebten Menschen, im Lächeln eines Kindes. – Wie ein leiser Hauch von Gott.
(Das Klangspiel anschlagen und ausklingen lassen.)

Je öfter wir uns auf diesen Hauch Gottes einlassen, spüren wir, wie unsere Herzenstüren immer weiter aufgehen; wie wir empfänglich werden für die vielfältigen Gaben des Heiligen Geistes. Ich zähle einmal einige auf:
- die Weisheit = wissen, worauf es ankommt;
- die Einsicht = lernen, alles mit dem Herzen zu sehen;
- ein mittlerweile so unmoderner Begriff wie „Frömmigkeit" = Gott danken; ihm vertrauen; mich ganz von ihm erfüllen lassen;
- das noch selten genannte Wort „Gottesfurcht" = nicht Angst haben vor Gott, sondern Ehrfurcht vor seinem Geheimnis und seiner unbegreiflichen Liebe.

(Hier oder weiter oben mit den Jugendlichen weitere Ideen einbringen und formulieren.)

Er hauchte sie an – möge er auch uns ab und zu die Harmonie Gottes, Gottes Geist, schenken! *(Das Klangspiel anschlagen und ausklingen lassen.)*

(Nach einer Predigt von Martin Ebner/Stefan Mai in „Der Prediger und Katechet", 5/95, S. 417f)

Fürbitten

(wieder unter Einsatz des Klangspiels)

Gl.: Wir begleiten die Fürbitten still mit unserem Gebet. Immer, wenn das Klangspiel ertönt, verbinden wir unsere Bitten mit dem Wirken Gottes. Komm, Heiliger Geist!

1. Heile die gewaltigen Risse zwischen den Weltreligionen und die vielen Spaltungen in den christlichen Kirchen.
(Klangspiel jeweils 7 – 10 Sekunden ausklingen lassen = Stille)

2. Schenke Frieden, wo Menschen und Völker sich unversöhnlich gegenüber stehen; wo die Freiheit durch Unterdrückung geknechtet wird. *(Klangspiel)*

3. Hilf da – auch durch uns –, wo Leid und Schmerz kein Ende nehmen; wo Ungerechtigkeit zum Himmel schreit. *(Klangspiel)*

4. Tröste – auch durch uns –, wo Trauer die Seele gefangen hält; wo Einsame sich nach Verständnis und Nähe sehnen. *(Klangspiel)*

5. Lass diese jungen Menschen offen bleiben für Gottes Geist und der Botschaft Jesu im Leben Raum schenken. *(Klangspiel)*

6. Nimm alle in deine barmherzigen Arme, die für immer Abschied nehmen mussten von uns. Lass sie sich jetzt in deiner Harmonie geborgen fühlen. *(Klangspiel)*

Gl.: Ja, komm, Heiliger Geist!

Meditation

(wieder mit Klangspiel)

1. Komm, geheimnisvoller Atem, leiser zärtlicher Wind, der uns Odem einhaucht. Komm in Feuer oder Flamme, taue unsere eiskalten Abgründe auf zur Liebe. *(Klangspiel, danach jeweils 7 – 10 Sekunden Stille.)*
2. Komm, Heiliger Geist, hauche uns an! Begeistere uns! Lass den Funken überspringen. Gieße dich über uns aus, dass wir in neuen Zungen reden können. *(Klangspiel)*
3. Komm, du Stille mitten im Lärm! Du ruhender Pol in der Hetze. In den Terminen schaff uns Pausen. Lass uns ausruhen in dir. *(Klangspiel)*
4. Komm, schenke der Erde ein neues Gesicht, an dem wir mitbauen dürfen. Zeige uns Wege zur Harmonie, damit alle eine Zukunft haben. *(Klangspiel)*

(Nach Lothar Zenetti)

40. Freiheit ist da, wo Gottes Geist wirkt (2 Kor 3,17)

Symbol Taube

Vorbereitung

1. Plakate zum Brainstorming: „Ich fühle mich frei, wenn ..." mitbringen. Die Ergebnisse werden im Gottesdienst an Säulen und Seitenwänden der Kirche aufgehängt, müssen aber entsprechend groß aufgeschrieben sein, wenn sie lesbar sein sollen.
2. Die Kurzgeschichte als Spiel einüben.

3. Tauben für alle Teilnehmer/innen als Buttons oder zum Umhängen reichen.

Vielleicht erstellt ein Hobbyschmied dazu Backförmchen, dann können gebackene Tauben zum Friedensgruß oder beim Hinausgehen angeboten werden. Die Geisttauben aus dünner Pappe können beschriftet werden.

4. Jede Gruppe befassst sich mit einer Person, die sich für Freiheit eingesetzt hat: Martin Luther King, Mahatma Gandhi, Geschwister Scholl, Bischof Carlos Belo, Jose Ramos-Horta (Osttimor, Friedensnobelpreis 1996) ... , Dietrich Bonhoeffer, Wei Jingshen (China), Ken Saro Wiwa (Nigeria), Aung San Sun Kyi (Burma, Friedensnobelpreisträgerin 1995), Nelson Mandela; als Organisation: amnesty international ...

Kurzgeschichte

(Spielszene oder in verteilten Rollen lesen:)

E = Erzähler, K = Kind, M = weiser Mann

E: Zu einem alten, weisen Mann kam eines Tages ein Kind und erkundigte sich, ob es fliegen lernen könne. Enttäuscht sagte das Kind:

K: „Jeder, den ich gefragt habe, hat mich ausgelacht und gesagt, fliegen könnten nur die Vögel, die Flügel haben, oder allenfalls die Engel im Himmel".

E: Der alte, weise Mann lächelte und erwiderte, auch der Mensch könne fliegen, wenn er nur die Vorschriften beachte. Das Kind sah ihn ungläubig an und sagte:

K: „Ich weiß, es gab einmal einen Mann, der für sich und seinen Sohn je ein Flügelpaar aus Federn anfertigte. Davon habe ich gehört. Aber der Sohn kam der Sonne zu nahe, das Wachs auf den Federn schmolz und er stürzte ab."

E: Der weise Mann nickte und antwortete:

M: „Du hast in der Schule gut aufgepasst. Die Geschichte von Dädalus und Ikarus kennst du also. Aber an einen solchen Flug dachte ich eigentlich nicht."

E: Das Kind hing mit gespannter Aufmerksamkeit an den Lippen des weisen Mannes, der sprach:

M: „Ich dachte an die Freiheit des Menschen, die zum Flug wird, wenn er alles abgeschüttelt hat, was ihn beschwert. Wenn er leicht, federleicht geworden ist, sodass er vom Windhauch emporgewirbelt wird."

E: Das Kind rief:

K: „Das verstehe ich nicht! Federleicht soll ich werden? Dabei wiege ich doch siebzig Pfund."

E: Der Weise lächelte versonnen und sagte:

M: „Sag mir, welche Dinge dir gehören und dir viel bedeuten."

E: Das Kind begann aufzuzählen:

K: „Mein Fahrrad, mein Fernsehapparat, meine Möbel, meine Bücher, meine Kleider, meine Schallplatten, meine Kassetten, mein Aquarium, meine Briefmarkensammlung, meine ..."

E: Der Weise unterbrach das Kind:

M: „Es ist genug. Hast du auch Wünsche für morgen, wenn du erwachsen bist?"

E: Das Kind rief:

K: „Viele! Zum Beispiel wünsche ich mir ein Auto, wenn ich größer bin, ein gemütliches Haus, einen Garten voller Blumen, ein ..."

E: Der weise Mann unterbrach das Kind:

M: „Es genügt. Wärst du bereit, deine Wünsche zu vergessen – nur den einen nicht, nämlich zu fliegen?"

E: Das Kind schwieg einen Augenblick. Es legte die Stirn in Falten und dachte nach. Dann sagte es zögernd und leise:

K: „Nein, ich glaube nicht, dass ich auf meine Wünsche verzichten möchte. Sie gehören doch zum Leben und alle haben sie."

E: Der alte, weise Mann nickte und sprach:

M: „Ja, alle haben sie und keiner kann auf den Luxus dieser Welt verzichten. Deshalb, mein Kind, deshalb kann deine Seele auch nicht fliegen lernen ..."

(Hermann Multhaupt. Rechte beim Autor)

Alternative:
Das Leben einer Person nahe bringen, die sich für die Freiheit eingesetzt hat (vgl. Vorbereitung, Punkt 4).

Evangelium: Lk 4,14-21: Der Geist des Herrn ruhte auf Jesus.

Ansprache

Warum ist Freiheit das höchste Gut des Menschen, das, was ihn auch vom Tier unterscheidet? Warum gaben Menschen für diese Freiheit ihr Leben hin? Die gelebte Freiheit der Meinung ließ zum Beispiel 1989 auch die Mauern in Deutschland fallen.
Wir erleben jeden Tag die Spannung zwischen Freiheit und Unfreiheit. Und wer in die Zeitung schaut oder ins Internet, kann feststellen, wie ersehnte Freiheit missbraucht werden kann *(Aktuelles einfügen).*
(Hier können Ergebnisse der Gruppe von den Plakaten abgelesen werden. Einleitung: ‚Zunächst: Was verstehen diese Jugendlichen unter Freiheit?')
Wer frei, unabhängig und selbstständig ist, kommt dem Glück im Leben etwas näher. Das ist wie Fliegen, wie Stehen über den Dingen.
Die (gespielte) Kurzgeschichte zeigte: Wer die Seele fliegen lassen will, muss zunächst auf manchen irdischen Ballast verzichten. Wie Sokrates sich ausdrückte, wenn er über den Wochenmarkt gegangen war und nichts kaufte: „Ich freue mich, all diese Dinge zu sehen, die ich nicht brauche!" – Also ein wirklich freier Mensch. Ab und zu begegnen wir solchen Menschen: Sie sind kaum noch abhängig vom materiellem Besitz und haben ihren Egoismus, der fesseln kann, abgeworfen. Sie wissen auch: Die Freiheit des einen hört auf, wo die des anderen anfängt.
Warum tut sich die Kirche so schwer mit der Freiheit, obwohl sie besonders ihr versprochen ist, wenn sie sich für den Geist Gottes öffnet? Wie Paulus schreibt: „Wo der Geist des Herrn wirkt, da ist Freiheit!" (2 Kor 3,17)
Ich glaube, der Grund liegt da: Diese Freiheit braucht Spielregeln, Verantwortlichkeit, Gesetze und Gebote, damit das Leben <u>aller</u> gelingen kann. Wir sehen ja, wie die Totengräber der Demokratie die Freiheit ausnutzen und missbrauchen, um ihre Giftkräuter auszusäen. Schon die französische Revolution 1789 mit ihrem Ruf nach „Freiheit, Gleichheit, Brüderlichkeit" wäre nicht so schnell im Chaos versunken, wenn Gesetze nicht von Willkür zertreten worden wären. Die Kirche – meine ich – vertraut zu wenig dem befreienden Geist, sondern schaut mehr auf den möglichen Missbrauch und möchte ihn – wie manche „gute" Mutter, wie mancher „guter" Vater – durch zu viele Gesetze und Gebote regeln, in gute Kanäle leiten. Da ist eine Menge dran: Wer sich zum Beispiel immer die Freiheit nimmt, sich vom Gottesdienst zu entschuldigen, verliert den Kontakt mit der Gemeinschaft; er erfährt von dort keinen Halt mehr, wenn er ihn einmal bitter nötig hat. Ihr jungen Leute seid aufgerufen, diesem freimachenden Geist gerade in der Kirche ohne Heuchelei Landebahnen zu bereiten – orientiert am Zeugnis der Menschen, die dafür Kopf und Kragen riskierten und oft genug und lange von der Kirche selbst diffamiert wurden, bis sie sie manchmal viel zu spät als Heilige feierte.

Fürbitten

Gl.: Gott, wir brauchen dich, um frei zu werden. Darum bitten wir dich:

1. Gib uns Christen den Mut, auf all das freiwillig zu verzichten, was wir nicht wirklich brauchen. – *Liedruf*

2. Gib uns die Kraft, selbstverantwortlich zu leben und andere damit anzustecken. – *Liedruf*

3. Stärke alle diejenigen mit deinem Geist, die sich für die Freiheit der Unterdrückten, Versklavten und Gefangenen einsetzen. – *Liedruf*

4. Lass deinen Heiligen Geist in der Kirche wirken zur Freiheit und Freude der Gläubigen. – *Liedruf*

5. Lass uns unsere Freiheit nicht missbrauchen, sondern ihre Grenze in der Freiheit der anderen achten. – *Liedruf*

Gl.: Gott, nur wenn wir freie Menschen werden, sind wir heil – und können froh von dir und deiner Liebe Kunde bringen. Wir danken dir für dein Kommen durch Christus, unseren Herrn. Amen.

Meditation

Siehe Anhang IV., Seite 158f.: 2.1 – 2.6, 2.7, 2.11

(Nach Christa Marschke mit einer Jugendgruppe aus Hambühren)

I. Weitere visuelle Bausteine für die Gestaltung der Festgottesdienste

Wenn Sie kein Motiv beziehungsweise Symbol gewählt haben, das den Festgottesdienst für möglichst viele Sinne einprägt, sollte zumindest das Auge etwas haben, zum Beispiel:

1. Kirche sind (auch)wir

Die Jugendlichen zeichnen ihre Hände auf farbigem Tonpapier nach, schneiden sie aus, versehen sie mit ihren Namen und kleben sie auf andersfarbigem Tonpapier um das Modell einer Kirche aus Pappe: Kirche sind (auch) wir!

2. Der Geist erfüllt den Erdkreis

Eine Taube mit Heiligenschein (= Symbol für den Heiligen Geist) schwebt über einer Erdkugel. Von der Taube gehen sieben rote Fäden aus, die wie Meridiane über die Erdteile gespannt werden: Sieben Gaben, die unsere Welt retten können.

3. Licht und Wärme für die Welt

Drei Masten einer Überlandleitung sind zu sehen. Die Kraftquellen der „Elektrizität“ sind ein Taufbecken mit der Osterkerze (= Taufe), der Ambo mit dem Evangeliar (= das Wort Gottes) und der Altar mit Brot und Wein oder Ähre und Traube (= Brot und Wein des Lebens): Licht und Wärme für die ganze Welt. Die Fotos der Jugendlichen können in die Überlandleitungen geklebt werden, was ausdrücken soll: Wir sind bereit, das weiterzusagen.

II. Weitere Gesamt-Gestaltungsvorschläge der Festgottesdienste

Vielleicht finden Katecheten mehr Gefallen daran, von Grund auf einen eigenen Vorschlag mit den Jugendlichen zu entfalten. Das kann sehr mühsam sein, beinhaltet Durststrecken, gibt aber auch zuletzt ein befriedigendes Gefühl. Hier Vorschläge:

1. Im Symbol der Seerose/Lotosblume

Die Seerose gilt als Symbol für den Menschen: Wir kommen wie sie aus dem Wasser, gründen im Erdreich und öffnen uns für den Himmel. Drei Bereiche bieten sich zur Meditation an:
a) Sie ist in der Tiefe verwurzelt: Wir brauchen ein gutes Elternhaus, Heimat, Begabungen ... ➤ Wir schöpfen Kraft aus der Tiefe.
b) Sie öffnet sich, wenn die Sonne scheint: Wir brauchen die Sonne des Lobes, der Ermutigung, Gott, Jesus als „Sonne" der Gerechtigkeit, Gottes Heiligen Geist. ➤ Wir schöpfen Kraft aus der Höhe.
c) Sie wird vom Wasser getragen: Wir brauchen den Schutz einer Gemeinschaft, Freundschaften, bis hin zur christlichen Gemeinschaft. ➤ Wir schöpfen Kraft aus einem guten Miteinander.

2. Jesus – der Magnet Gottes

Jesus war wie ein Magnet in der Hand Gottes – mit dem Magnet fuhr Gottes Hand über unsere Erde und in der Kraft des Heiligen Geistes ließen und lassen sich Menschen anziehen, magnetisieren, ausrichten. Wer sich anziehen lässt, kann auch andere magnetisieren! Es brauchen nicht nur Stars, Politiker, Schauspieler, Päpste eine große Anziehungskraft zu haben. – Experimente mit Kraftfeldern bieten sich an.

3. Mit dem Segelschiff zum Hafen Gottes

Ein Segelschiff-Modell wird gebaut oder ausgeliehen. Auf den Segeln sind die Namen oder Fotos der Jugendlichen zu sehen, die bereit sind, den Wind Gottes in den Segeln ihres Lebens zuzulassen. Am Schiff und im Sprechspiel können all die Dinge dargestellt und in Worte gefasst werden, die für die Überfahrt wichtig sind: der Kapitän = Jesus; die Seekarte = Bibel; die Mannschaft = Gemeinschaft in der Kirche; Kompass/Radar = Gewissen; Anker = Hoffnung auf Gott im Sturm; SOS-Ring = Sakramente; Bojen/Leuchttürme = Gebote Gottes; heiligmäßige Menschen als Orientierung. Vielleicht umschwirren einige Windsurfer das Boot. Entscheidend aber ist der Wind (= Gottes Geist), um vorwärts zu kommen.

4. Zeugnis geben

Es werden Menschen ausgesucht, die in ehrlicher Sprache von ihrem Glaubensweg erzählen: vom Bemühen um Klarheit, von ihrer Unsicherheit, von (lange) hin und her reißenden Zweifeln – bis Jesus und sein Geist ihnen den Weg wies ...

5. Auf Blütensuche in einer stacheligen Welt

Kakteen spielen hier eine Rolle. Was macht Menschen und das Leben so schwierig und stachelig? Ich brauche viel Geduld. Aber keine Kaktee hat so viele Stacheln, dass nicht eine Blüte möglich wäre! Was wären die Blüten unseres Lebens? Wie weit kann uns Jesus/Gottes Heiliger Geist dabei eine Hilfe sein? – Beschriftete Blüten werden auf die Kaktee gelegt ...

6. Geist – Ungeist in unserer Welt

Große Collagen zeigen Ungeist – bis hin zu einem „Anti-Schöpfungsbericht", der unsere bereits recht ausgeplünderte Erde in den Ruin treibt.
Große Collagen zeigen aber auch Lichtpunkte und -gestalten in unserer Gesellschaft und Kirche, die Raum lassen für den Geist Gottes.
Für was entscheiden wir uns?

7. Sinn des Lebens

Was vernebelt unsere Sinne?
Wofür lohnt es sich zu leben?

8. Pfingsten ist wie ...

Ein Wecker, der wachrüttelt ...
Eine Schranke, die sich öffnet ...
Ein Scheibenwischer, der mir klarere Sicht und mehr Durchblick schenkt.
Ein Sturm, der reinigt ...

9. Hinweise auf ausgeführte Bausteine in meinen Büchern

a) **Unterwegs zum Gipfel** (für Jüngere): Ein Sprechspiel von gut zwei Seiten um einen Rucksack, in den Lebenswichtiges hineingelegt wird, um heil den Gipfel des Lebens zu erreichen: Bergsteigerkarte, Seil, Helm, Schuhe mit gutem Profil, Eisschrauben, Signallampe, Stirnlampe ...: Siehe „Anschaulich verkündigen. 30 Ideen zur kreativen Gottesdienstgestaltung", Grünewald 98, S. 45– 47.

b) **Im Symbol des brennenden Dornbuschs** (für Ältere): Jugendliche schneiden auf rotem Karton ihre Hand aus, tragen sie quasi als „Hier bin ich!" nach vorne und heften diese „Flamme" in einen Dornbusch, der so zum brennenden Dornbusch wird. Mose ging ganz nahe heran und ließ sich für seinen Auftrag erfüllen. Drei ausformulierte Seiten, ebd., Seite 163–165.

c) **Leute mit Rückgrat gesucht:** Viele Interviews und Sprechspiele mit Heiligen und heiligmäßigen Menschen, die Rückgrat zeigten: Petrus und Pau-

lus, Martin, Nikolaus, Franziskus, Elisabeth, Barbara, Theresia vom Kinde Jesu, Don Bosco, Sebastian, Christophorus, Antonius von Padua, Sankt Veit, Thomas Morus, Nikolaus von der Flüe, Teresa von Avila, Elisabeth in einer Talkrunde, Katharina von Siena, Mutter Teresa (zweimal), Sr. Emmanuelle von Kairo, Martin Luther King, Dr. Ruth Pfau, Abbé Pierre, Friedrich Joseph Haass, Janusc Korczak, Rocky: In „Bausteine für Familiengottesdienste. Besondere Anlässe im Kirchenjahr in Symbolen, Geschichten, Spielen und Bildern", Grünewald 1996.
Damit es nicht zu theoretisch bleibt, hier „zum Schnuppern" Auszüge aus einem Sprechspiel mit Don Bosco, der wahrlich vom Heiligen Geist erfüllt war (hier eine wesentlich erweiterte Fassung, die ich in Büchern noch nicht veröffentlicht habe. Eventuell kürzen.):

Sprechspiel mit Zeitzeugen

Personen: Don Bosco (= D.), Reporter (= R.); Zeitzeugen: Kind von ca. acht Jahren (= K.), zwei Jugendliche von ca. 16 Jahren (= 1. und 2. J.); ein junger und ein älterer Mann; eine Frau.

R.: Lieber Don Bosco! Sie waren zwei Jahre alt, als Ihr Vater starb. Ihre Mutter schlug sich mit drei Kindern mehr recht als schlecht durch. Ihre Mutter übrigens, die für Sie und viele Ihrer Jugendlichen zehn Jahre lang kochte, und Ihnen in der Wahl Ihrer Berufung freie Hand ließ, sagte allerdings: „Solltest du ein behäbiger, bequemer, wohlhabender Pfarrherr werden, dann brauchst du mit meinem Besuch nicht zu rechnen." – Aber zunächst: Wie fing alles an?

D.: Auf Jahrmärkten hatte ich den Gauklern ihre Tricks abgeschaut; dann immer wieder geübt und wurde schließlich ein erstklassiger Akrobat und Zauberkünstler. Ich fühlte mich damals schon berufen, die Kinder zum Guten anzuhalten.

R.: Ja, fragen wir doch einen Zeitzeugen von damals, ein Kind aus Ihrem Dorf.

K.: Johannes Bosco war wirklich toll, tanzte auf dem Seil, konnte auf ein laufendes Pferd aufspringen und Hufeisen mit bloßen Händen verbiegen. Er schluckte Feuer, machte den Handstand auf einer Hand, zauberte Münzen aus Nase und Mund und schlug Saltos. Er konnte gut singen und spielte Violine, Orgel, Klavier und Cembalo. Und dann am Ende, wenn sonst der Hut für eine Belohnung rundgeht, dann wollte er kein Geld, er betete mit uns – das Vaterunser. Und Groß und Klein betete mit!

D.: Ja, das ist schon bemerkenswert; denn auch damals sah kaum noch ein Kind die Kirche von innen!

R.: Und wie ging's weiter?

D.: Für mein Studium musste ich Geld verdienen. Ich arbeitete als Jungknecht, lernte im Café Kochen und Backen, diente bei einem Schmied, einem Schlosser und einem Schreiner; und als Schneider hatte ich sogar die Abschlussprüfung gemacht.

R.: Eine kostbare Lehrzeit, da Sie später für Tausende Jugendliche Lehrwerkstätten einrichten mussten. Dabei hatten Sie auch ein tolles Gedächtnis, denn Sie behielten alles fast auswendig, was Sie mit Bedacht lasen – oft nachts! In Ihrem Zimmer hing der Spruch: „Jeder Augenblick ist ein Schatz!“
Warum ließen Sie sich bei Ihren Begabungen ausgerechnet auf die herumstreunende und verdorbene Jugend ein, die eine Landplage war mit ihrem Stehlen und ihren Raubzügen?

D.: Wir lernten die Schattenseiten einer aufstrebenden Industriestadt kennen. Halbwüchsige lungerten überall herum – krank an Leib und Seele. Vielleicht kann dieser Jugendliche von damals erzählen, was ihm die Kehrtwende gab. Ich war damals gerade ein Jahr lang Priester.

1. J.: Ich hatte in der Kirche übernachtet – wo sollte ich auch hin? –, als der Küster (Messner) mich kurz vor Beginn der Messe erwischte und mit einem Besen aus der Kirche trieb. Don Bosco kam dazwischen und sprach mich in einer Weise an, dass ich Vertrauen gewann. Ich erzählte meinen Kumpels davon und brachte sie mit. Bald waren wir fünfzig, hundert, hunderte.

R.: Da mussten ja Behausungen her, Werkstätten, vor allem Geld ...
Die Leute schimpften, als sich nur die Polizei um die Racker kümmern musste, aber jetzt wuchs zunächst der Widerstand gegen Sie persönlich. Selbst Ihre Mitbrüder erklärten Sie für verrückt und wollten Ihnen das Handwerk legen. Auch dazu ein Zeitzeuge, ein gestandener Mann:

Junger Mann: Ja, ich sah eine Kutsche vorfahren, die innen, wie ich zufällig bemerkte, keine Türklinken hatte. Zwei zu freundliche Herren in schwarzen Talaren nötigten Don Bosco, nach all seiner schweren pädagogischen Arbeit doch mal eine Stunde auszuspannen und mitzufahren. Der aber ahnte was und sagte beim Einsteigen: „Bitte nach Ihnen, wie es sich gehört.“
Die beiden wollten keinen Verdacht aufkommen lassen und kletterten zuerst in die Kutsche. Da schloss Don Bosco die Türe zu und befahl dem Kutscher: „Ab zur Klinik, wie besprochen!“ Ganz Turin lachte, als die beiden in der Nervenklinik zunächst in Zellen eingesperrt wurden, bevor sich der Irrtum aufklärte.

R.: Nach welchem Erziehungsprinzip sind Sie denn vorgegangen?

D.: Ich vermied jede körperliche Strafe, begleitete die Jungen aber mit wachsamen Augen, wies sie liebevoll zurecht, gab ihnen Beschäftigung, spielte und sang mit ihnen. Vor allem aber war ich für sie da! Religion war dabei für mich der Zaum, der diesen feurigen Rossen angelegt wurde, um sie zu lenken und zu beherrschen. Und die Vernunft war der Zügel, der den Zaum anziehen half.

R.: Vielleicht können Sie, junger Mann, uns diese Theorie an einem Beispiel deutlich machen?

2. J.: Ich war ein Dieb. Sechsmal hatte ich schon dafür gesessen. Dann brachten mich Freunde zu diesem Schwarzrock. Ich war mir sicher, hier blieb ich nicht lange. Er schaute mich an, lächelte und sagte: „Wir sind hier eine große Familie, Freunde.“ Dann gab er mir einen Tresorschlüssel und sagte: „Hol aus dem Kassenschrank hunderttausend Lire! Ich brauche sie.“
In mir rotierte alles: Zusammenraffen, abhauen, gut leben! Aber er hatte mich nicht angebrüllt, wie ich es sonst von Erwachsenen gewöhnt war. Kurz: ich brachte ihm das Geld. Dann fing ich ein Leben als Schneider an.

R.: Die Stimmung in Turin schlug langsam um. Jährlich kamen jetzt Tausende ausgebildete Lehrlinge aus den Werkhäusern. Wie haben Sie es geschafft, sich in diesen schwierigen Zeiten mit Kriegen, politischen Umstürzen, sozialen Unruhen und Verfolgung der Kirche aus all dem herauszuhalten?

D.: Mein politisches Programm war das Vaterunser.

R.: Dabei dürfen Sie nicht Ihr Charisma vergessen! Ihr gewinnendes Wesen, Ihre Geradheit und Unerschrockenheit machten Ihnen selbst Minister zu Freunden und Gönnern.

D.: Vielleicht war es auch ein anderes Ereignis, das die Stimmung in der Stadt Turin umschlagen ließ. Es war im Sommer 1854. Die heimtückische Seuche der Cholera breitete sich aus. Nur jeder Zweite überlebte. Die Toten sahen so grässlich aus, dass selbst die Angehörigen, ja Ärzte und Krankenschwestern davonliefen.

R.: Hören wir doch wieder einen Zeitzeugen.

1. J.: Don Bosco suchte unter uns Jugendlichen Freiwillige. Vierzig größere wählte er aus. Er hängte jedem von uns eine Maria-Hilf-Medaille um. Dann gingen wir los: Pflegten die Kranken, kümmerten uns um die vielen Waisenkinder, begruben die Toten. Keiner von uns Vierzig wurde krank! Nach drei Monaten klang die Seuche ab. Dieser Einsatz blieb Stadtgespräch.

R.: Ihr Gottvertrauen war ja schon verwegen. Papst Pius XI. sagte später bei Ihrer Heiligsprechung 1934: „In seinem Leben wurde das Übernatürliche fast natürlich und Außergewöhnliches gewöhnlich.“ Sie teilten zum Beispiel zu große Portionen heiße Kastanien an die unübersehbare Menge Ihrer Jungen aus und – der Vorrat ging nicht aus! Ostern 1855 gaben Sie für dreihundert Strafgefangene Einkehrtage. Zur Belohnung sollte es einen Ausflug mit Ihnen geben. Sie machten zur Bedingung: Ohne Bewachung! Und was passierte? Alle, ohne Ausnahme, kehrten in ihre Zellen zurück. – Man erzählt auch von einem riesigen Hund, zottig wie ein grauer Wolf, der meist auftauchte, wenn sich eine Gefahr zusammenbraute, und der Sie oft genug herausbiss. Keiner weiß, wo er herkam und wo er hinging. Er verweigerte jede Nahrung. Und, wie sagten Sie immer?:

D.: Gebt Gott die Ehre! Wir sind nur Werkzeuge in der Hand Gottes.

Älterer Mann: Sein Gottvertrauen war wirklich verwegen. Ich war der Baumeister der Maria-Hilf-Basilika, an der wir vier Jahre gebaut haben. Als ich mich nach der Grundsteinlegung am 8. März 1844 zum glücklichen Don Bosco durcharbeitete, sagte ich: „Und nun, Hochwürden, nach der Freude auch ein wenig Geschäft!“, da rief er: „Richtig, die Anzahlung!“, zog seine Geldbörse und schüttelte den ganzen Inhalt in meine aufgehaltenen Hände. Wissen Sie, wie viel es war? Umgerechnet lächerliche dreißig Pfennige! Aber dieser Bosco lachte weiter und sagte: „Mehr habe ich nicht, mein Guter. Aber die Gottesmutter wird weiterhelfen, keine Sorge.“ Sie hätten die entgeisterten Gesichter der Arbeiter sehen sollen, die dabeistanden!

R.: Ja, dazu gehörte Humor. So wird berichtet: Eine Dame wollte von dem mittlerweile berühmten Don Bosco ein Autogramm haben. Und was machte er? Er schrieb schweigend auf ein Papier: „Hiermit bestätige ich, von Frau N.N. die Summe von zweitausend Lire erhalten zu haben. Priester Johannes Bosco.“ Und die Dame zog tatsächlich ihre Geldbörse und bezahlte. –
Nebenher betätigten Sie sich noch als Pionier der guten Presse, der unermüdlich schrieb. Bei Petroleumlicht schrieben Sie über 150 Hefte und Broschüren, von denen Millionen Exemplare erschienen. 122 Auflagen erreichte alleine Ihr Jugendgebetbuch. Dabei fiel Ihnen nichts in den Schoß. Sie waren bei all Ihrem Schaffen rücksichtslos gegen sich selbst; schliefen nicht mehr als fünf Stunden und arbeiteten pro Woche eine Nacht durch. Das mussten Sie mit einem Martyrium in den letzten Lebensjahren bezahlen: Augen-, Kopf- und Rückenschmerzen, Schlaflosigkeit. Aber sie waren im 19. Jahrhundert einer der Größten Italiens. Hören wir noch einmal einen Zeitzeugen:

Eine Frau: Als Don Bosco 1888 starb, zählte der von ihm gegründete Orden der Salesianer zweihundertfünfzig Häuser mit hundertdreißigtausend Jugendlichen; jährlich traten achtzehntausend ausgebildete Lehrlinge eine Arbeitsstelle an; sechstausend Priesterberufungen gingen auf ihn zurück. 1872 wurde auch der Orden der Don Bosco-Schwestern für die weibliche Jugend gegründet und drei Jahre später zogen seine Missionare in alle Welt.

R.: Der Tag der Beisetzung wurde zum Triumphzug. Fast zweihunderttausend (!) Menschen gaben Ihnen das letzte Geleit. Die Geschäfte, die Behörden, ja die Schulen hatten geschlossen. Alle spürten, dass sie hier von einem Geschenk des Himmels Abschied nahmen.

III. Fürbitten zur Auswahl

1. Einleitungen durch den/die Gottesdienstleiter/in

- Gott, für uns wie ein Vater, wie eine Mutter. Du hast uns nicht als Waisen zurückgelassen. Im Heiligen Geist hast du uns einen Beistand an die Seite gestellt.
- Lasst uns beten zum barmherzigen Gott, der uns in seinem Geist nahe ist.
- Wir rufen zum Herrn, unserem Gott, der uns die Kraft seines Geistes schenkt.
- Wir rufen zu dem, der uns mit seinem Feuer erfüllen möchte.
- Gott, unser Vater. Du hast deiner Kirche den Heiligen Geist gesandt. Darum fühlen wir uns nicht allein gelassen.
- Herr, unser Gott. Dein Heiliger Geist will Sauerteig sein, der alles durchdringt und zu neuem Leben erwecken will.

2. Bitten für Kirche und Staat

- Für alle, die Verantwortung tragen in Kirche und Staat: Lass ihre Entschlüsse vom Geist geschwisterlicher Liebe getragen sein.
- Hilf den Mächtigen in Staat und Kirche, mit ihren Gesetzen und Weisungen dem Glück und dem Frieden der Menschen zu dienen.
- Für alle Mächte und Kräfte dieser Welt, die über Wohl und Wehe der Menschheit entscheiden: Lass den Geist Jesu Christi stärker sein als alle Gewinnsucht und alles Streben nach Macht.
- Lass die Verantwortlichen in Kirche und Staat darauf bedacht sein, notwendige Veränderungen im Sinne deines Sohnes zuzulassen.
- Hilf den Männern und Frauen, die in der Gesellschaft Verantwortung tragen, ihre Aufgaben zum Wohle ihrer Mitmenschen auszuführen.
- Für die verantwortlichen Politiker und Mächtigen in der Kirche: Lass sie ihren Einfluss aufbieten, damit jeder menschenwürdig in Frieden und Freiheit leben kann.
- Hilf den Völkern in der Welt, den Kirchen und Religionen, dass sie einander achten trotz der Verschiedenheit von Rasse, Volk und Stand.
- Für die Menschen in der ganzen Welt, deren Schöpfer und Vater du bist: Lass sie einander achten und immer wieder neu versuchen, dein Wort zu verstehen und danach zu leben.
- Für die ganze Kirche: (unseren Papst N.N.), unseren Bischof N.N. und alle Bischöfe: Lass sie nicht müde werden, die befreiende Botschaft deines Sohnes zu verkünden.
- Heiliger Geist, schenke den christlichen Kirchen die Gabe der Einheit und lass sie im ökumenischen Dialog nicht müde werden.
- Schenke deinem Geist auch heute „Landebahnen“ in deiner Kirche, damit sie auf unsere brennenden Fragen eingeht.
- Belebe deine Kirche, die oft in festen Normen erstarrt, damit sie mit neuer Fantasie die Menschen begeistern kann.

- Für alle, die Licht für die Welt sein sollen: Lass sie die Kirche glaubwürdiger, barmherziger und liebevoller machen.

3. Bitten für weltliche und christliche Gemeinschaften; für Christen

- Mache besonders die Christen bereit, sich für das Wirken deines Geistes zu öffnen und tatkräftig an einer gerechteren und friedvolleren Welt mitzuarbeiten.
- Durchdringe die Christen mit dem Geist der Erkenntnis und Unterscheidung, sich nicht der Welt anzupassen, sondern unbeirrt auch in der Öffentlichkeit für die Sache Jesu Christi einzutreten.
- Für die christlichen Gemeinden: Lass sie nicht bequem und gleichgültig werden, sondern begeistert und lebendig andere anstecken.
- Schenke uns Christen, die durch ihr Leben für dich Zeugnis ablegen.
- Für alle, die den Glauben an dich und an das Gute verloren haben oder darum kämpfen: Entzünde in ihnen neu die Flamme, dir und den Menschen zu vertrauen.
- Für alle, die tagtäglich um uns sind: Dass sie sich vom Geiste Gottes leiten lassen und versuchen, der Welt und den Menschen zu dienen.
- Für alle, die um ihres Glaubens willen verlacht, geprüft oder verfolgt werden: Lass sie nicht müde werden, für religiöse Freiheit und Menschenwürde zu kämpfen und uns dabei an ihrer Seite zu wissen.
- Für alle Gemeinschaften bis hin zu unseren Familien: Lass sie Schwierigkeiten in einem guten Geist zu überwinden suchen.
- Stärke in unseren Gemeinschaften die guten menschlichen und versöhnenden Kräfte.
- Für alle, die den Glauben weitergeben: Schenke ihnen unerschütterliches Vertrauen auf dich und Liebe zu den ihnen Anvertrauten.
- Für alle, die mitten im Wohlstand verhungern: Lass sie Christen oder Gemeinschaften begegnen, die ihnen Worte und Brote des Lebens reichen.
- Für alle, die sich enttäuscht von der Kirche manchmal Sekten oder Süchten zugewandt haben: Lass ihnen Christen begegnen, die ihnen Wege zurück ermöglichen.
- Für unsere Gemeinde: Lass sie offen sein für die Fragen der Suchenden, Zweifelnden und Verbitterten.
- Hilf allen Christen, die getauft sind, aber ihre Beziehung zum Glauben und zur Kirche verloren haben, wieder zurückzufinden.

4. Für die Firmlinge/Konfirmanden, Eltern und Paten

Eine Mutter:

Für alle, die unsere Jugendlichen in der Zeit der Vorbereitung begleitet haben: Gott vergelte ihren Einsatz und lass sie mit seiner Hilfe Beispiel und Orientierung sein.

Ein Vater:

An unserem Firmtag/Konfirmationstag haben wir uns vorgenommen, für das Evangelium Christi Rückgrat zu zeigen. Du weißt, wie viel oder wie wenig wir da Mut gezeigt haben. Hilf uns, diese Jugendlichen im Einsatz für eine bessere Welt zu unterstützen.

Ein Pate:

Wir Paten haben auch oft den christlichen Boden unter unseren Füßen verloren. Lass uns nicht nur hinter diesen Jugendlichen stehen, sondern auch an ihrer Seite, wenn wir gefragt sind.

Ein Firmling/Konfirmand:

- Wir haben uns bemüht, uns auf diesen Tag vorzubereiten. Wir bitten dich um die Geschenke des Geistes Gottes und um genügend Erwachsene, die uns Vorbild sind.
- Hilf uns jungen Menschen zu verstehen, was Christsein heißt und es ein Leben lang zu wagen.
- Für alle unter uns, deren Glaube noch auf Sparflamme brennt und die nur wegen der Firmung/Konfirmation hierher gefunden haben: Entzünde in uns das Feuer des Heiligen Geistes, damit wir anschließend mit größerer Leuchtkraft brennen.
- Für alle Firmlinge/Konfirmanden: Lass sie die Verbindung zu Jesus Christus wach halten alle Tage ihres Lebens.
- Für alle suchenden Menschen: um Weggefährten, die ihnen in Wort und Tat zur Seite stehen.
- Für unsere Eltern, Paten und die, die uns vorbereitet haben auf die Firmung/Konfirmation: Lass sie immer wieder an unserer Seite stehen, auch wenn wir Irrwege gehen.

Eine/r derjenigen, die die Jugendlichen vorbereitet haben:

- Für diese jungen Menschen, die Zukunft in deiner Kirche: Lass sie – gestärkt durch den Heiligen Geist – mutige Entscheidungen wagen, ihr Leben als Christen zu gestalten.
- Für unsere Firmlinge/Konfirmanden: Lass sie – entsprechend ihrer Fähigkeiten und Begabungen – Verantwortung in unserer Gemeinde übernehmen.
- Gib uns Eltern, Paten und Katecheten die Kraft, den Jugendlichen Vorbilder im Vertrauen auf Gott und in der Liebe zueinander zu sein.
- Lass uns diese Jugendlichen als aktive Mitglieder in unserem Gemeindeleben sehen und lass ihre Anregungen auf offene Ohren stoßen.
- Für alle Katecheten, Begleiterinnen und Begleiter der Jugendlichen bei uns und in der weiten Welt: Lass sie an einer besseren Atmosphäre in Kirche und Welt mitarbeiten.

5. Bitten für alle in Not

- Wir bitten dich für alle, denen niemand zuhört und die keiner Freundschaft begegnen: Entzünde in ihnen die Flamme des Trostes und der Bereitschaft, trotzdem auf andere zuzugehen. Und lass uns dabei helfen!
- Für alle, die sich verraten und verlassen fühlen: Entfache in ihnen Hoffnung auf eine neue Chance. Und lass uns dabei helfen!
- Für alle, die verbittert und zynisch geworden sind: Öffne ihnen wieder die Augen für all das Gute, das ihnen täglich begegnet.
- Für alle, die unter dem Druck von Verdächtigungen und Verleumdungen leben: Lass ihnen Menschen begegnen, die Verständnis zeigen und Worte finden, die heilen.
- Für alle, die in Stress und übermäßiger Spannung leben: Schenke ihnen Atempausen, in denen sie zu sich selber kommen.
- Für alle, die im Unrecht und in unmenschlichen Systemen leben müssen: Schenke ihnen Mut und Ausdauer im sinnvollen Widerstand.
- Für alle, die aus der Vergiftung und dem Missbrauch anderer ihr Geld machen: Rüttle an ihrem Gewissen und befreie sie aus dem Sog der Unmenschlichkeit.
- Für alle, die mutlos werden im Anblick der Verführung und des Bösen in unserer Welt: Schenke ihnen neue Hoffnung, dass dein guter Geist auf die Dauer stärker ist.
- Für die Unerwünschten in der Welt, für die ungewollt geborenen Kinder, für die Gestörten und Behinderten: Lass sie einen Sinn für ihr Leben entdecken.
- Für alle, die die Mauern des Hasses und der Vorurteile zu durchbrechen suchen: Schenke ihnen den Geist des Mutes und der Stärke.
- Für die Menschen auf der Flucht oder in Hungergebieten: Rüttle uns auf, ihnen Heimat und das Nötigste zu ermöglichen.
- Für die Kranken, Zerstrittenen und Lebensmüden: Lass sie Menschen begegnen, die ihnen zuhören. Und lass uns dabei helfen!

6. Bitten für uns selbst

- Für uns selbst: Dass wir in der Kraft Gottes versuchen, immer und überall unseren Glauben zu leben.
- Lass uns nicht bequem und gleichgültig werden, sondern lebendig und glaubwürdig in der Gemeinde mitmachen.
- Schenk uns den Blick für die Herausforderungen unserer Zeit, damit wir unsere Mitmenschen nah und fern nicht allein lassen.
- Hilf uns, den Geist der Versöhnung zu üben, damit der Friede in der Welt eine Chance hat.
- Bewege uns, in deinem Geist Vorurteile abzubauen, damit die Generationen – arm und reich, krank und gesund – nicht aneinander vorbeilaufen.
- Lass uns auf dem Nullpunkt eines Gespräches oder einer Aktion den Dialog trotzdem nicht abbrechen lassen.
- Lass uns auch in verzweifelten Situationen Hoffnung haben und wecken.

- Schenke der hier versammelten Gemeinde Mut und Tatkraft, am Glauben festzuhalten und ihn weiterzugeben.
- Wir bitten um Verzeihung alle, die wir enttäuscht oder verletzt haben. Lass uns – als deine Werkzeuge – einen neuen Anfang wagen.
- Schenke uns Erwachsenen eine tiefe Achtung vor den Meinungen unserer Jugendlichen und befreie uns von der Ansicht, dass wir allein alles richtig sehen.
- Erfülle uns mit dem Geist der Wahrheit, damit wir erkennen, was gut und richtig ist und lass uns auch danach leben.

7. Abschluss durch den/die Gottesdienstleiter/in

- Herr, unser Gott. Dein Sohn ist für uns Weg, Wahrheit und Leben. Ihn erbitten wir an unsere Seite, damit sein Geist in uns lebendig bleibt; er, der mit dir lebt und liebt in alle Ewigkeit.
- Damit das Werk deines Sohnes vollendet wird und wir dein Lob singen in Zeit und Ewigkeit.
- So erfülle uns dein Heiliger Geist mit Leben, damit wir dich mit Worten und Taten loben und preisen – durch Christus, unseren Herrn.
- Ja, Herr, mit deinem Geist der Weisheit können wir Wesentliches von Unwesentlichem unterscheiden und das Antlitz der Erde nicht weiter zerstören. Darum bitten wir durch Christus, unseren Herrn.
- Das alles gewähre uns durch Christus, unseren Herrn.
- Denn wenn wir in deinem Geiste aufeinander zugehen und zum Frieden in der Welt beitragen, ehren wir dich, den Herrn der Welt – durch Christus, unseren Herrn.
- Dann, guter Gott, loben und ehren wir dich, Ursprung und Ziel unseres Lebens, durch unseren Herrn Jesus Christus, der in der Einheit mit dir und dem Heiligen Geist lebt und liebt in alle Ewigkeit.

IV. Meditationen zur Auswahl

1. Eher geeignet für jüngere Jugendliche

1.1

1. Geist Gottes, hauche mich bitte an! –
Wenn ich wie ein Schiff ohne Wind bin,
füll meine Segel mit deinem Atem.
2. Wenn ich ein müdes Feuer bin,
fach meine Flamme wieder an. –
Wenn ich ein Vogel bin mit gebrochenen Flügeln,
heile mich mit deinem Hauch.
3. Wenn ich keuchend vor dem Ziel ermatte,
sei ein Sturmwind, der mich weiterträgt. –
Geist Gottes, hauche mich bitte an! *(Benoit Marchon/Josse Goffin)*

1.2

1. Die Hand des Bischofs berührt ein Haupt –
zärtlich, bestimmt – und teilt Gottes Gabe aus:
2. Ich gebe dir etwas von meiner Kraft.
Ich teile mit dir meine Freude.
1. Ich möchte dir Hoffnung mitgeben.
Ich traue dir etwas zu.
Ich bin für dich mitverantwortlich.
2. Ich will dich ermutigen und mittragen.
Du hast einen Auftrag, den du erfüllen kannst –
ganz als Mensch mit Gottes Kraft.
Beginne schon heute damit –
denn du bist gesegnet. *(Nach Almut Haneberg)*

1.3

1. Wie ein ausgedörrtes Land,
wie ein Blatt vom Wind verweht,
so bin ich ohne dich, Geist Gottes.
Wie eine Uhr, nicht aufgedreht,
wie ein Weg, den keiner geht,
so bin ich ohne dich, Geist Gottes.
2. Wie ein unbestelltes Feld,
wie eine Freundschaft, die nicht hält,
so bin ich ohne dich, Geist Gottes.
Wie ein Tanz, den keiner will,
wie ein Lied, das keiner singt,
so bin ich ohne dich, Geist Gottes.

3. Wie eine Tür, durch die es zieht,
   wie ein Film, den keiner sieht,
   so bin ich ohne dich, Geist Gottes.

Katechet/in:
   Aber wie ein Leuchtturm, fest gefügt,
   wie ein Haus, auf Fels gebaut,
   so bin ich mit dir, Geist Gottes.
   So bin ich mit dir, Geist Gottes.

1.4

1. Wir sind die Bibel, die die Öffentlichkeit noch liest.
   Nur durch unser Handeln können wir
   andere nachdenklich machen.
   Wir müssen uns schon an Problemen reiben,
   damit der Funke überspringt.
   Refrain: Die Sache Jesu: „Troubadour“ 366, neu 65.
2. Wer verbittert ist, kann nichts ausstrahlen.
   Wer herzlos ist, bleibt für sich allein.
   Wer nicht auf andere zugeht,
   darf auch nichts für sich erwarten. – *Refrain*
3. Wir haben Hoffnung über den Tod hinaus.
   Der Grundstein des Hauses, das wir bauen wollen,
   ist Christus.
   Er ist der Weg, die Wahrheit und das Leben. – *Refrain*

1.5

1. Gottes Geist ist wie ein guter Vater, der uns beschützt;
   wie eine liebende Mutter, die für uns sorgt;
   wie ein toller Freund, der zu uns hält.
2. Gottes Geist ist wie eine Schwester oder ein Bruder,
   denen ich vertrauen kann;
   wie eine gute Oma, die Zeit hat;
   wie ein guter Lehrer, der Geduld hat.
1. Gottes Geist ist wie ein Begleiter,
   der uns auf den richtigen Weg führt;
   wie eine schützende Hand, wie eine wärmende Sonne.
2. Gottes Geist ist wie eine Rose, die nie verblüht;
   wie die Luft, die wir atmen;
   wie das tägliche Brot, wie ein gutes Zuhause.

1.6

1. Eine Schale will ich sein,
   empfänglich für Gedanken des Friedens.

Eine Schale für dich, Heiliger Geist!
Meine leeren Hände will ich hinhalten,
offen für die Fülle des Lebens,
leere Hände für dich, Heiliger Geist.

2. Mein Herz will ich öffnen,
bereit für die Kraft der Liebe;
ein Herz für dich, Heiliger Geist.
Gute Erde will ich sein,
gelockert für den Samen der Gerechtigkeit;
gute Erde für dich, Heiliger Geist. *(Anton Rotzetter)*

1.7

1. Pfingstflammen sind etwas Seltsames.
Sie brennen, aber du bemerkst keine Flammen.
Du siehst sie nicht, weil sie im Herzen sind.
Sie brennen, weil es schmerzvoll ist,
einem Feind das Du anzubieten.

2. Pfingstflammen sind sehr zart, aber äußerst kraftvoll.
Ein böser Blick kann sie auslöschen.
Aber sie haben die Macht, dem Stärksten aus der Klasse
die Tränen in die Augen steigen zu lassen.

1. Pfingstflammen lehren, andere Menschen zu verstehen.
Ausländische Sprachen unterrichten sie nicht.
Aber sie bewirken, dass Fremde zu Freunden werden
und dass Spiele keine Grenzen kennen.

2. Pfingstflammen sind ansteckend.
Je mehr sie andere Menschen anstecken,
umso heller leuchten sie.
Am liebsten brennen sie in Gemeinschaft.
Schon eine Berührung, ein einziges Wort kann sie übertragen.

1. Übrigens, Pfingstflammen gibt es natürlich nicht nur zu Pfingsten.
Sie halten sich länger und brennen öfter, als man denkt.
Vielleicht wird sogar gerade eine in dir entzündet. *(Thomas Klocke)*

1.8

1. Wenn ich allein und für mich bin,
fällt mir die Maske vom Gesicht.
Ich sitze da und es kann sein, dass ich anfange zu heulen –
vor Enttäuschung über mich selbst.
Wenn dann einer käme und sagte: Ich mag dich trotzdem,
ich will dich so, wie du bist, ich brauche dich!

2. Dann kannst du es sein, mein Gott,
der kommt und mit mir redet. Und du sagst:

Niemals lasse ich dich aus den Augen;
du bist immer in meinen Gedanken.
1. Ich danke dir, dass du mich im Blick behältst
und nicht von dir stößt, auch,
wenn ich noch so hässlich anzusehen bin
in meiner Verkehrtheit.
2. Ich danke dir, dass du mir die Chance gibst,
es noch einmal zu versuchen,
unter deinen Augen, unter deinem Schutz.
Denn das weiß ich:
Mit dir fängt das Leben überhaupt erst an. *(Christa Weiß)*

1.9

1. Wenn dir ein Licht aufgeht, sag nicht:
Das ist der Heilige Geist.
Wenn in dir Feuer brennt, sag nicht:
Das ist der Heilige Geist.
Wenn dir die Ohren brausen vor Glück, sag nicht:
Das ist der Heilige Geist.
2. Du kannst sagen: Das ist der Heilige Geist,
wenn dein Gesicht hell wird, damit *andere* sehen;
wenn dein Feuer *andere* wärmt;
wenn deine Ohren brausen von der guten Nachricht,
die *andere* froh macht.
1. So komm, Heiliger Geist:
Du Aufrüttler – du Erschütterer –
du Durcheinanderwerfer.
Reiße mich aus meiner Trägheit.
2. So komm, Heiliger Geist:
Der du alles neu machst;
der du mich *ganz* haben willst.
der du mich sehnsüchtig liebst. *(Peter Bucher)*

1.10

1. Wir feiern ihn, den guten Geist,
den Jesus heute uns gesendet,
der alle Mauern niederreißt
und was einander uns entfremdet.
2. Wer stets nur böse Worte fand,
mit Hieben seine Kraft vergeudet,
der hält nun plötzlich seinen „Rand“
und merkt, dass Freundschaft mehr bedeutet.
1. Wer rief: „Ich krieg’ das größte Stück!“

und um sich schoss mit spitzen Pfeilen,
der legt das Stück ganz schnell zurück
und sagt: „Wir könnten es auch teilen."

2. Wer still und kläglich sich verkroch,
wer bislang Unrecht zugelassen,
tritt mutig auf, ruft: „Wagt es doch!
Baut eine Welt ohn' Neid und Hassen!"

1. Wir feiern ihn, den guten Geist,
und singen alle frohe Lieder;
erfahren so, dass Pfingsten heißt:
zu Geschwistern macht der Geist uns wieder. *(Norbert Weidinger)*

1.11

1. Wirke in mir, Heiliger Geist,
dass ich neue Wege wage;
dass ich den ersten Schritt zur Versöhnung gehe;
dass ich Gerechtigkeit übe;
dass ich mutig für die Wahrheit kämpfe.

2. Wirke in mir, Heiliger Geist,
dass ich mich auf die Seite der Armen und Rechtlosen stelle;
dass ich mich für die Bewahrung deiner Schöpfung einsetze;
dass ich Frieden stifte; dass ich Liebe künde
und ganz von dir durchdrungen werde. *(Nach Heribert Kloos)*

1.12

1. Ich will glauben an den Heiligen Geist,
dass er meine Grenzen weiten kann;
dass er meine Gleichgültigkeit überwinden kann.

2. Ich will glauben, dass er mich vor dem Bösen warnt;
dass er mir Mut gibt zum Guten;
dass er meine Traurigkeit besiegen hilft.

1. Ich will glauben, dass er meine Bitterkeit wandeln kann;
dass er mir Vertrauen gibt auf Gottes Wort;
dass er um das Kostbarste weiß, was in mir ist.

2. Ich will glauben, dass er meine tiefste Schwäche kennt;
dass er mir Kraft gibt zum Leben;
dass er Menschen an meinen Weg stellt.

1. Ich will glauben, dass er mich zur Hoffnung, zur Liebe begabt hat;
dass ich mich ändern kann, sobald ich ja sage zu ihm.
Gott, Heiliger Geist, stärke meinen Glauben!

1.13

1. Atme in uns, du Heiliger Geist, Geist der Weisheit,
   sonst halten wir uns nach wie vor für klug und gescheit
   und bleiben in allem an der Oberfläche.
2. Wirke in uns, du Heiliger Geist, Geist der Stärke,
   sonst werden unsere Knie noch ganz weich
   und wir schwimmen im großen Strom widerstandslos mit.
1. Denke in uns, du Heiliger Geist, Geist des Verstandes,
   sonst wird unser Denken noch egoistischer
   und unsere Pläne werden noch eigensinniger.
2. Brenne in uns, du Heiliger Geist, Geist der Wissenschaft,
   sonst fahren wir fort, die Schöpfung zu missbrauchen
   und feiern den Fortschritt noch auf verbrannter Erde.
1. Bete in uns, du Heiliger Geist, Geist der Frömmigkeit,
   sonst führen wir weiterhin Selbstgespräche
   und drehen uns wie Kreisel um uns selbst.
2. Kämpfe in uns, du Heiliger Geist, Geist der Furcht des Herrn,
   sonst fürchten wir uns noch vor den Menschen
   und zittern feige vor ihren Schlägen und Zwängen.
1. Locke uns, du Heiliger Geist, Geist des Rates,
   sonst schlendern wir weiterhin unentschlossen
   und wagen nicht das Risiko und den Absprung in den Glauben.

(Alois Albrecht)

2. Eher geeignet für ältere Jugendliche

2.1

1. Komm, Heiliger Geist, und hilf uns,
   unseren Glauben zu verstehen.
   Komm, Heiliger Geist, und hilf uns,
   andere zum Glauben zu führen.
2. Komm, Heiliger Geist, und hilf uns,
   Gott und die Menschen zu lieben.
   Komm, Heiliger Geist, und hilf uns,
   dass wir den Glauben tapfer bekennen.
1. Herr, wir bitten dich, gib uns
   reinen Geist, damit wir dich sehen;
   demütigen Geist, damit wir dich hören.
2. Gib uns liebenden Geist, damit wir dir dienen;
   gläubigen Geist, damit wir dich lieben. *(Dag Hammarskjöld)*

2.2

1. Komm, du Geist, der Feuer auf die Erde wirft,
und der will, dass es brenne.
Komm, du Geist, der keinen faulen Frieden will,
sondern Gespräch und Tat.
2. Komm, du Geist, der Glauben nicht vom Himmel fallen lässt,
der Wagnisse eingeht.
Komm, du Geist, der den Hunger nicht aufhebt,
aber Gerechtigkeit fordert.
1. Komm, du Geist, der die Kälte nicht nimmt,
doch Wärme spendet.
Komm, du Geist, der nicht nur große Worte macht,
sondern mit entscheiden will.
2. Komm, du Geist, der nicht auf Ruhm und Ehre setzt,
nur auf die Liebe allein.
Komm, du Geist, der nicht zu kaufen ist,
komm du Geist Gottes! *(Cornelius Bisinger)*

2.3

1. Komm, Heiliger Geist,
in unsere Städte – in unsere Häuser – in unsere Familien –
in unsere Augen – in unsere Herzen.
2. Ohne dich lesen wir Bücher und werden nicht weise.
Ohne dich reden wir lange und werden nicht eins.
Ohne dich sehn wir nur Fälle, Zahlen und Fakten.
1. Ohne dich zerfällt unser Leben
in eine Reise von sinnlosen Tagen.
Ohne dich werden wir treulos.
Ohne dich endet unser Denken im Wahnsinn.
2. Ohne dich zerstört uns die Technik.
Ohne dich werden die Kirchen zu Museen.
Ohne dich wird das Beten Geschwätz.
1. Ohne dich wird unser Lächeln erstarren.
Ohne dich wird unsere Umwelt verwüstet.
2. Komm, Heiliger Geist,
in unsere Städte – in unsere Häuser – in unsere Familien –
in unsere Augen – in unsere Herzen! *(Martin Gutl)*

2.4

1. Der Heilige Geist kann bewirken, dass der Sünder nach Gnade schreit.
Er kann bewirken, dass der verlorene Sohn heimfindet.
Er kann bewirken, dass der Egoist aufhört, seinem Bauchnabel zu dienen,
und Christus als seine Lebensmitte annimmt.

2. Der Heilige Geist kann bewirken,
dass eine zerrüttete Familie wieder zueinander findet.
Er kann bewirken, dass der Professor wieder wagt, von Gott zu reden.
Er kann bewirken, dass der Dieb das gestohlene Gut zurückbringt.
1. Der Heilige Geist kann bewirken,
dass ein der Spielleidenschaft Verfallener von seiner Sucht befreit wird.
Er kann bewirken, dass der Starke
dem Schwachen ein Freund und Helfer wird.
2. Ja, er kann bewirken, dass es im Menschenherzen
zu einer Revolution kommt, die mit dem alten Lebensstil aufräumt
und ein neues, ewiges Leben schafft.

2.5

1. Im Wirkungsbereich des Heiligen Geistes:
Müde sein und doch andere aufmuntern.
Sich verlassen fühlen und doch andere zum Lächeln bringen.
Selber voller Fragen stecken und sich Ratsuchenden doch nicht verweigern.
2. Gehetzt sein und doch andere nicht mit Ausreden abwimmeln.
Schmerzen haben und doch anderen gegenüber Geduld aufbringen.
Belastet sein und doch anderen tragen helfen.
1. Im Wirkungsbereich des Heiligen Geistes:
Nach einem Ausweg tasten und doch die Hand eines anderen nicht loslassen.
Vieles entbehren und doch anderen nichts missgönnen.
Enttäuscht sein und doch anderen einen Streifen Hoffnung vorleben.
Sich ausgebrannt vorkommen und doch anderen helfen, Sinn zu finden.
2. Betend selber ohne Antwort bleiben
und doch anderen den Glauben erlebbar machen.
Mit Ärger angefüllt sein und doch den Gruß jedes anderen erwidern.
Enttäuscht sein und doch die Fehler anderer
nicht an die große Glocke hängen.
Keinen Dank bekommen und doch unentwegt für andere da sein.
(aus: Berthold Lutz, Atem eines neuen Lebens. Zum Jahr des Heiligen Geistes 1998, KBA im Medienreferat, Bischöfliches Ordinariat Würzburg)

2.6

1. Komm, Heiliger Geist,
sonst kommen wir um in unseren vielfachen Zwängen;
sonst kommen wir nicht weiter in unserem Denken und Reden;
sonst bleiben wir geistlos auf der Strecke;
sonst kommen wir nicht hinaus über Kleinkram und Kleinkrieg;
sonst sind wir heillos und hoffnungslos überfordert.
2. Komm, Heiliger Geist, sonst zerreden wir zu viel und hören zu wenig;
sonst verlieren wir den Blick für das Wesentliche;
sonst laufen wir uns tot in allen möglichen Teufelskreisen.

1. Komm, Heiliger Geist, damit unser Leben neue Kreise zieht;
damit wir uns von dir locken und leiten lassen;
damit wir das Angesicht der Welt erneuern.
2. Komm, Heiliger Geist, damit wir unsere Berufung erkennen und ergreifen;
damit wir uns freuen an dem, was du wirkst in den Menschen;
Komm, Heiliger Geist, damit wir in der Weggemeinschaft mit dir
und miteinander bleiben. *(Paul Weismantel)*

2.7

1. Firmung/Konfirmation – das heißt für mich:
begeistert sein für die Gemeinschaft;
dankbar sein für mein Leben;
offen sein für die Geschichten in der Bibel;
ansteckend sein für diejenigen,
die im Glauben schlapp gemacht haben.
Dazu benötige ich den Heiligen Geist!
2. Firmung/Konfirmation – das heißt für mich:
aufgeschlossen sein für jeden, der mit mir lernt;
dem anderen seine Fähigkeiten gönnen, ja, ihn darin bestätigen;
ihn meine Zeit, meine Zuwendung spüren lassen.
Dazu benötige ich den Heiligen Geist.
3. Firmung/Konfirmation – das heißt für mich:
das Ja zu meiner Kirche sprechen;
sie mit konstruktiver Kritik begleiten;
aktiv in ihr mitzuarbeiten, wo es meine Fähigkeiten
und Pflichten erlauben.
Dazu benötige ich den Heiligen Geist.
4. Firmung/Konfirmation – das heißt für mich:
den Traum von einer gerechteren Welt zu Ende zu träumen;
die Probleme des Nächsten zu meinen eigenen zu machen;
nach Worten, Taten, Gesten suchen,
um mich verständlich zu machen und verstanden zu werden.
Dazu benötige ich den Heiligen Geist. *(Gisela Rosemann)*

2.8

1. Atme in mir, du Heiliger Geist, dass ich Heiliges denke.
Atme in mir, wenn ich atemlos durch den Tag hetze,
– wenn mir die Luft ausgeht,
– wenn die Last schwer wird,
– wenn ich im Alltag ersticke.
2. Treibe mich, du Heiliger Geist, dass ich Heiliges tue.
Treibe mich an, wenn es heißt, gegen den Strom zu schwimmen,
– wenn ich ziellos dahintreibe,

– wenn ich den schützenden Hafen verlassen muss,
– wenn die Trägheit mich lahm legt.

1. Locke mich, du Heiliger Geist, dass ich Heiliges liebe.
Locke mich heraus aus dem Netz meiner Schuld,
– aus meiner Ich-Verfangenheit,
– auf neue, unbekannte Wege,
– in die Freundschaft mit dir.
2. Stärke mich, du Heiliger Geist, dass ich Heiliges hüte.
Stärke mich in meinen Träumen,
– in meiner Sehnsucht,
– in meinen Fähigkeiten,
– in meiner Liebe.
1. So atme in mir – und belebe mich.
So treibe mich – zu Aufbruch und Neubeginn.
2. So locke mich – wider viele Verlockungen.
So stärke mich – in Wachstum und Verwandlung.
1. So hüte mich, du Heiliger Geist, –
2. und behüte mich, dass ich das Heilige nimmer verliere.

(Verkürzt nach Martino Machowiak)

2.9

1. Es gab einmal Ekstase in der Kirche.
Die ist in Diskotheken abgewandert. –
Es gab einmal Andacht in der Kirche.
Die entwich in die Feinschmeckerlokale.
2. Es gab einmal Begeisterung in der Kirche.
Die ist auf die Sportplätze abgewandert:
Dort hebt man Siegestrophäen in die Höhe
wie in den Kirchen die Monstranzen;
dort küsst man Pokale wie der Priester den Altar.
1. Es gab einmal Feierlichkeit in der Kirche:
Soutane, Stola, Rochette, Birett.
Jetzt schaue man, ob der Reiterdress –
weiße Hose, Frack und Zylinder – nicht feierlicher wirkt.
2. Es gab einmal heilige Spiele in der Kirche,
fromme Geländespiele, menschenfreundliche Zeremonien.
Man durfte sich verkleiden und spielen.
Auch das ist abgewandert
in Karnevalsgesellschaften und Schützenvereine.
1. Es gab einmal Lamentieren, Moralisieren,
Polter- und Donnerpredigten in der Kirche.
Die hört man jetzt bei den Gewerkschaften und den Parteien.

2. Es gab einmal Betroffenheit in der Kirche.
Aber die gibt es nirgendwo mehr.
Zur Zeit kann in der Kirche oft nur gelitten werden ...
1. Darum: Es muss wieder Pfingsten werden:
Komm, Schöpfer Geist! Kehr bei uns ein! *(Michael Zielonka)*

2.10

1. Irgendwann, irgendwann,
wenn die andern, all die andern – guten Willen zeigen,
wird die Taube Gottes zu den Wolken steigen.
Dann, endlich dann, fängt der Friede an.
2. Nicht ohne unser Wagnis! Nicht ohne unser Tun!
Lasst uns aus Vertrauen Lebensbrücken bauen!
1. Irgendwann, irgendwann,
wenn die andern, all die andern – ihre Angst besiegen,
wird die Taube Gottes zu den Häusern fliegen.
Dann, endlich dann, fängt der Friede an!
2. Nicht ohne unseren Glauben! Nicht ohne unser Tun!
Sucht mit Lebens-Zeichen Menschen zu erreichen!
1. Irgendwann, irgendwann,
wenn die andern, all die andern – unser Herz berühren,
wird die Taube Gottes uns zum Neste führen.
Dann, endlich dann, fängt der Friede an!
(nach Christa Peikert-Flaspöhler; leicht verändert)

2.11

1. Die Wunder von damals müssen's nicht sein,
auch nicht die Formen von gestern.
Nur lass uns zusammen Gemeinde sein,
eins – so wie Brüder und Schwestern.
Ja, gib uns deinen Geist, deinen guten Geist,
mach uns zu Brüdern und Schwestern.
2. Auch Zungen von Feuer müssen's nicht sein,
Sprachen, die jauchzend entstehen.
Nur gib uns ein Wort, darin Wahrheit ist,
das wir, was recht ist, verstehen.
Ja, gib uns den Geist, deiner Wahrheit Geist,
dass wir einander verstehen.
1. Ein Brausen vom Himmel muss es nicht sein,
Sturm über Völkern und Ländern.
Nur gib uns den Atem, ein kleines Stück
unserer Welt zu verändern.
Ja, gib uns den Geist, deinen Lebensgeist,
uns und die Erde zu ändern.

2. Der Rausch der Verzückung muss es nicht sein,
Jubel und Gestikulieren.
Nur gib uns ein wenig Begeisterung,
dass wir den Mut nicht verlieren.
Ja, gib uns den Geist, deinen Heiligen Geist,
dass wir den Mut nicht verlieren. *(Lothar Zenetti)*

2.12

1. Ich will glauben an einen Gott,
der auf krummen Zeilen gerade schreiben kann.
An einen Gott, der warten kann.
2. Darum will ich nicht glauben an das Recht des Stärkeren.
An die Sprache der Waffen.
An die Macht der Mächtigen.
1. Ich will vielmehr glauben
an die offene Hand des Menschen.
An die Gewaltlosigkeit.
An die Ohnmacht der dicken Brieftaschen.
2. Ich will glauben an einen Gott,
der den Menschen Freiheit gegeben hat.
Der blutenden Herzens sieht,
wie oft wir diese Freiheit missbrauchen.
1. Darum will ich nicht glauben,
dass Liebe und Freundschaft immer schief gehen müssen.
Dass Worte nur Lügen sind.
Dass Treue nicht zählt.
2. Ich will vielmehr glauben an die Liebe, die trägt.
An ein verzeihendes Lächeln.
An den neuen Anfang.
1. Ich will glauben an einen Gott, der das letzte Wort spricht.
An einen neuen Himmel.
An eine neue Erde.

(nach Bettina Preuß, Heidelberg, und Martin Auffarth, Karlsruhe)

V. Mögliche Aktionen in der Vorbereitungszeit

1. Verschiedene Praktika (zur Auswahl)

Viele Gemeinden lassen ohne viel Federlesens schon bei der Anmeldung die Praktika verbindlich ankreuzen, in denen sich die Jugendlichen engagieren mögen, um so schon zu erfahren, dass die Nachfolge Christi nicht ohne Einsatz für eine heilere Welt möglich ist. Auch hierin liegt eine bewusstere Entscheidung des Getauften zum christlichen Leben. Nach Möglichkeit werden diese Praktika auch begleitet. (Ob während eines Praktikums die gemeinsamen Treffs reduziert werden, soll die Gruppe entscheiden.)

Wenn eine/r Jugendliche/r Spaß an einer Tätigkeit in der Pfarre bekommen soll, muss er/sie sie konkret kennen lernen. Möglichkeiten:

- alte Menschen im Altenheim besuchen (mit Mitgliedern der Frauengemeinschaft),
- Hilfe bei der Altenstube,
- Besuche im Krankenhaus (mit dem Besuchsdienst),
- Besuch einer Moschee oder einer Synagoge (mit Führung),
- Besuch einer Jugendstrafvollzugsanstalt,
- Besuch einer Niederlassung der Schwestern der Mutter Teresa (z.B. in Essen, eine Speisestätte für Obdachlose),
- Mithilfe beim Eine-Welt-Stand oder diesbezüglichen Aktionen,
- Mitarbeit in der Caritas-Kleiderstube,
- Teilnahme an Sitzungen des Kirchenvorstandes/Pfarrgemeinderates/ Presbyteriums;
- Mithilfe beim Drucken der Pfarrnachrichten/Gemeindebriefe,
- Mithilfe beim Küsterdienst,
- Mitsingen im Kirchenchor/Jugendchor,
- Vorbereitung und Gestaltung eines Jugendgottesdienstes,
- Mitarbeit im Kindergarten,
- Teilnahme am „Bibel teilen“ (= Schriftgespräch);
- Botendienste (Austragen von Handzetteln),
- Hospitieren in Kinder- und Jugendgruppen u.Ä., was in der Gemeinde besonders ausgeprägt ist, wie Kindertage (= von Jugend für Kinder gestaltete Spiel- oder Bastelnachmittage).

2. „Spray for Jesus“

Wer hat Lust, Graffiti mit christlichen Motiven auf eine große Plakatwand zu sprühen? Zunächst ein Brainstorming, was auf die Fläche soll. Dann Sprühflaschen besorgen, auf Tapetenresten die Farben und das gewählte Motiv ausprobieren, eine Plakatwand anmieten und dann kann es losgehen.

(Beim Projektvorschlag von J. Seekatz und S. Gerhardt in „Praxis in der Gemeinde“, Grünewald-Verlag, wählten die Firmbewerber/innen das Thema: „Jesus – einer von uns“.)

3. Nachtwallfahrt

Die Strecke: 10-15 km. Endpunkt in einer Kapelle; hier auch der Abschlussgottesdienst. Start in der Dämmerung. Unterwegs vier bis fünf Stationen mit gedanklichen Impulsen (Kurzgeschichte, Zeitungsbericht oder Meditation), anschließend ca. fünf Minuten im Gespräch reflektieren. Auf einem Wegstück zu einer der Stationen Schweigen. An der Kapelle kommen die Eltern hinzu, die eine Erfrischung mitgebracht haben (und auf dem Rückweg die Teilnehmer/innen mitnehmen); dann gemeinsamer Gottesdienst.

4. Wanderung zu einem (Weg-)Kreuz

Vorbereitung: Einige Firmlinge/Konfirmanden backen etwas größere Brötchen. Die Mehrzahl aller Jugendlichen nimmt sich die Bergpredigt vor und schreibt aus Mt 5-7 einen Satz, der sie/ihn anspricht, auf einen Zettel. Dieser Zettel wird in Backpapier gewickelt und dann werden je zwei in ein Brötchen eingebacken. Es wird also für je zwei Teilnehmer/innen ein Brötchen mit zwei Zetteln gebacken.
Aktion: Am Zielort angekommen, wird Rast gemacht. Nach dem Hinweis, dass wir nach christlichem Verständnis in diesem Leben auf der Wanderschaft sind und unsere eigentliche Heimat noch auf uns wartet, erhalten je zwei ein Brötchen und essen es gemeinsam. Sie legen das Eingebackene zunächst beiseite. In einer Stillephase lesen alle, die möchten, ihren gefundenen Satz aus der Predigt vor. Die Zuhörer können auch Sätze wiederholen, wenn sie sie sehr gut finden. Anschließend darf auch ein Gespräch dazu stattfinden.
Ziel: Das Wort Gottes ist uns wie Brot auf dem Weg, das stärkt.
NB: Zum Essen gehört auch Trinken. Es wäre schön, wenn nicht Cola-Dosen ausgepackt würden, sondern aus einem Restaurant genügend Jakobsmuscheln (= Pilgermuscheln) ausgeliehen werden, aus denen Wasser/Mineralwasser getrunken wird. Über die Muscheln kann vom Pilgerallzweckgerät erzählt werden, das als Wasserkelle, Teller, Löffel und Sägemesser benutzt wurde und an dem heute noch die Pilger auf dem Weg nach Santiago de Compostela zum Grab des Apostels Jakobus erkannt werden.

5. Stunde der Umkehr

Es gibt noch katholische Gemeinden, in denen die Firmbewerber/innen vor dem Empfang des Sakramentes zur Beichte/Buße geführt werden. Eine Umkehrfeier dürfte aber meistens dienlicher sein.

5.1 Richtiges Sündenverständnis

(Vorüberlegung)

Wenn wir das schwierige Wort „Sünde“ (= Schuld) ankratzen, stoßen wir in der Meinung Jugendlicher sehr leicht auf das Wort „Moralin“, das mit einem Achselzucken „Nobody is perfect“ in die Ecke gestellt wird. Danach wird „verbotene Lust“ sichtbar: Gott ist ein ewiger Spaßverderber und wir als Bodenpersonal sind auch Moralapostel, die verbieten, was eigentlich „Spaß“ macht. Noch dazu sollen wir Begleiter/innen richten, was die Eltern nicht mehr hinkriegen.

Vom Wort „sund“ (= tiefe Erdspalte: Erdteile, die einmal zusammengehörten, driften auseinander) her meint Sünde aber eine Abtrennung von etwas, was eigentlich zusammengehört. Sünde ist also ein Beziehungswort: Es wächst die Entfremdung zwischen Mensch und Gott; man geht sich aus dem Weg; redet nicht mehr miteinander (nicht direkt absichtlich), aber nach fünf Jahren ist feststellbar: Wir sind uns völlig fremd geworden. Warum soll ich noch beten oder zum Gottesdienst gehen? Ein Sünder lebt also in einer Beziehungsstörung zu Gott, seinem Ursprung. Martin Luther: „Der Sünder ist ein in sich selbst verkrümmter Mensch, der dann oft nur noch seinen eigenen Bauchnabel sieht. Dabei mag er sich selbst nicht und sitzt hinter einer Dornenhecke des Misstrauens. Und daraus wächst weitere Entfremdung.“ Wer sich heute die Zeit nimmt, zur Stunde der Umkehr zu kommen, wirkt dieser Entfremdung und dem Misstrauen entgegen, damit nicht die unsichtbare Person uns gegenüber, Gott, für uns stirbt. Hier dürfen wir uns an den verlorenen Sohn erinnern, der dem Vater misstraute, in die Entfremdung ging und schließlich einsam und allein zwischen den Schweinen saß. Totale Einsamkeit ist die Hölle, in der Gott wie hinter einer Nebelwand entschwunden ist. „Da ging der Sohn in sich!“ Das war der Wendepunkt: „Ich bin schuldig!“ Mehr braucht keiner zu sagen. Und dann erfährt jeder einen Vatergott, der seinem Sohn entgegenläuft und ihn in die Arme schließt, noch bevor er sein „Ich bin schuldig geworden“ spricht. Gott ist also keine Radarfalle, kein Oberpolizist, sondern einer, der uns sagt: „Ich habe dich lieb! Wie gut, dass du wieder da bist!“ (Lk 15)
Gott sagt auch jetzt schon: Gut, dass du da bist. Hier können wir uns wieder näher kommen, die Entfremdung überwinden, das Misstrauen loslassen.

5.2 Gestaltung der Umkehrfeier

Sie sollte möglichst anschaulich sein, um in die Sinne einzudringen. Wenn Sie eine komplett ausformulierte Bußfeier suchen, darf ich Sie auf meine drei Bußfeiernbücher im Grünewald-Verlag hinweisen: „2x11 Bußfeiern“ (1), „3x7 Bußfeiern“ (2) und „Umkehr. 25 Bußfeiern“ (3), alle mit Gegenständen aus dem Alltag. Nachfolgend skizziere ich von einigen Bußfeiern grob den Ablauf:

5.2.1 mit einem Schlüsselchen:

Vorbereitung: Die Jugendlichen haben ausgediente Schlüsselchen an den Haustüren gesammelt und mit Bronze übersprüht.
Ablauf: Alle nehmen das empfangene Schlüsselchen in die Hand: Was wären wir ohne Schlüssel? Unsere Zeit bietet die großen Schlüssel der Gewalt, der Macht und der Leistung an, mit denen Türen zu öffnen sind. Offenbar öffnet Geld alle Türen – nur nicht die Tür zum Herzen. Dafür brauche ich Fingerspitzengefühl, Zärtlichkeit, Rücksicht, jedenfalls ganz kleine Schlüssel. – Wie gehe ich mit dem Freund/der Freundin um, wie mit den Eltern ... ? Wie kann ich die Tür zu Gott aufschließen? Welche Schlüssel gab Jesus uns an den „christlichen Schlüsselbund“? (Bibel, Barmherzigkeit, Gebet – wie steht es bei mir darum?) Dann Gewissenserforschung – Schuldbekenntnis – Vergebungsbitte.

Aktion: Aufforderung, den kleinen Schlüssel gut sichtbar auf den Schreibtisch zu legen oder an den Schlüsselbund zu befestigen, um sich zu erinnern (2, S. 66–75).

5.2.2 mit einer Scherbe:

Vorbereitung: Für jede/n eine Scherbe.
Ablauf: Oft bleiben nur Scherben in unserer Hand zurück – von einer Freundschaft, einer Auseinandersetzung mit den Eltern ..., vom Schuljahr ...
Aus jeder Verwundung kann auch Gutes wachsen: Sprichwort „Scherben bringen Glück". Manche Scherben muss ich auch liegen lassen, manches lässt sich wieder kitten. Wo habe ich schon ein „Scherbengericht" veranstaltet? Liegt mein Verhältnis zu Jesus, zur Kirche ... in Scherben? Wo müsste ich kitten? –
Nach Gewissenserforschung, Schuldbekenntnis und Lossprechungsbitte:
Aktion: Die Jugendlichen stecken ihre Scherben in ein aus frischem Ton geformtes Kreuz: Jesus nimmt unsere Schuld an (1, S. 15–29).

5.2.3 mit einer Fahrradspeiche:

Vorbereitung: Eine Fahrradspeiche für jede/n; zur Ansicht ein komplettes Vorder- oder Hinterrad mit Nabe, Speichen und Felge.
Ablauf: Fehlen in einem Rad zu viele Speichen, kann es bei Belastung brechen. Wir alle sind irgendwo Speichen im Rad von Gemeinschaften: zu Hause, in der Schule, im Sportverein ..., in der Kirche ... Kann man sich auf mich verlassen? Trage ich dazu bei, dass die Lasten verteilt sind? Nur gemeinsam sind wir stark. Zerstöre ich Gemeinschaft durch eine „Null-Bock"-Haltung oder übernehme ich irgendwo Verantwortung entsprechend meiner Begabung? Lasse ich mich verbinden mit der Nabe der Kirche, die Jesus Christus ist, und der Felge, das heißt der Gemeinschaft mit den anderen? Spüre ich Solidarität mit den Ärmsten, wenn das Rad auf die Welt übertragen wird? – Schuldbekenntnis – Vergebungsbitte (1, S. 149–152).

5.2.4 mit einem „Schuldschein":

Vorbereitung: Für jede/n ein Blatt Papier und ein Stift; ein Kreuz aus zwei Balken steht bereit, in das kleine Nägel geschlagen sind; die brennende Osterkerze.
Ablauf: Bei der Gewissenserforschung, zum Beispiel nach dem Schema „zu Hause, Schule/Arbeit, Kirche, Freizeit/Welt", schreiben alle in Geheimschrift auf den Zettel, was ihnen als Schuld oder Unterlassung einfällt. Danach folgt das Schuldbekenntnis.
Weil Jesus am Kreuz unsere Schuld durchgestrichen hat (vgl. Kol 2,13b.14), heften wir unsere Schuldscheine an das Kreuz. Als Zeichen der Vergebung in der Kraft des Heiligen Geistes entzündet Gl. mit der Osterkerze die Zettel am Kreuz (keine Angst, sie verschmoren meist nur an den Nägeln, aber die Schuld ist nicht mehr lesbar). – Wir sprechen das Vaterunser und verbinden uns dabei mit den Händen (= Wir geben die empfangene Vergebung weiter: „ ... wie auch wir vergeben unseren Schuldigern."/3, S. 25–28).

5.2.5 mit einer Weidenrute und einem Bindfaden:

Vorbereitung: Eine Weidenrute von ca. 40–50 cm Länge und einem halb so langen Bindfaden für jede/n.
Ablauf: Es tut empfindlich weh, mit so einer Rute geschlagen zu werden. Wo habe ich zugeschlagen, fertig gemacht – und sei es nur mit Worten? Lasse ich mich schlagen? Wie reagiere ich? Kann ich verzeihen? Habe ich auch schon Häme eingesteckt um meines Glaubens willen? Gewissenserforschung ...
Aktion: Als Zeichen der Umkehr brechen wir unsere Rute durch und binden beide Teile zu einem Kreuz. Dabei kann, muss jede/r dem anderen behilflich sein ... – Vergebungsbitte. Das Kreuz zur Erinnerung mitnehmen oder auf den Querbalken eines Kreuzes in der Kirche legen (1, S. 140–143).

5.2.6 mit einem Dornzweig:

Vorbereitung: Für jede/n einen Dornzweig von ca. 20 cm Länge; von Rosenstöcken oder an Bahndämmen schneiden.
Ablauf: Dornen verletzen. Wo habe ich verletzt mit „schwarzen" Ausdrücken und verleumderischer Zunge? Wo spüre ich Dornen im Fleisch – aufgrund mangelnder Begabung, einer Krankheit, widriger Umstände ...? Beseitige ich Dornen, die andere Unschuldige ins Fleisch schneiden? (Not der anderen, „Dritte" Welt) Meide ich dornige, anstrengende Wege, die mich aber weiterführen können? – Gleich, welche Dornen ich spüre, im Dornbusch erschien Gott dem Mose (Ex 3,1b-5a): Gottes Gegenwart ist uns auch in dornenreichen Situationen versprochen. –
Aktion: Wir legen die Dornenzweige im Altarraum zu einer Dornenkrone zusammen und erinnern uns dabei an Jesus, der seinen dornigen Weg auch für uns ging. Er schenkt uns jetzt Vergebung, wenn uns unser falsches Verhalten Leid tut. – Schuldbekenntnis – Vergebungsbitte (2, S. 26–31).

5.2.7 mit Sonnenblumenkernen:

Vorbereitung: Für jede/n ein Tütchen mit Sonnenblumenkernen.
Ablauf: Nicht nur Jugendliche dürfen, müssen Träume haben! Träumen wir zuerst einmal davon, was aus diesem Kern wird, wenn wir ihn in die Erde stecken: Wie die Staude wächst, wie sich Blätter entfalten und eine Blüte, wie sie sich der Sonne immer wieder zuwendet, wie sie den Kopf immer tiefer neigt und dann reif mit neuen Samenkörnern dasteht, die andere ernten. – Ein Bild für euch, die ihr im Wachstum seid; die ihr immer wieder Hoffnung aussäen könnt; die ihr euer Gesicht in die Sonne Gottes halten dürft, damit die Schatten (= Schuld) hinter euch fallen; die ihr erfahren dürft, dass Schenken nicht ärmer macht, wenn die Menschen – wie die Spatzen an den Sonnenblumenkernen – sich von dem bedienen, was wir Christen hervorgebracht haben. Träume ich noch? Bin ich mit den Grundhaltungen, die die Sonnenblume zeigt, einverstanden? Lasse ich mich in den Dienst Jesu einspannen, um Öl im Getriebe dieser Gesellschaft zu sein – wie Sonnenblumenöl, das aus den Kernen gewonnen wird? – Schuldbekenntnis – Vergebungsbitte.
Aktion: Gebt die Kerne zur Erinnerung in den Vorgarten oder Balkonkasten ... (3, S. 105–111).

VI. Weitere Aktionen

1. Gebetsapostolat: Vielleicht schon beim Vorstellungsgottesdienst: Auf dem Altar steht ein Körbchen mit den Namen und Adressen aller Firm- bzw. Konfirmationsbewerber auf jeweils einem Zettelchen bereit. Wer von den Besuchern bereit ist, bis zum Abschlussgottesdienst täglich ein Gebet für den gezogenen Firm-/Konfirmationskandidaten oder die -kandidatin zu sprechen, soll sich nach dem Gottesdienst vorne ein Zettelchen ziehen.

2. Ein Volley- oder Basketballspiel unter den Vorbereitungsgruppen: Wir achten darauf, in welchem Geist wir kämpfen; ob ein Mannschaftsgeist sichtbar wird, der auch in der Niederlage bei den Beteiligten den Kopf nicht hängen lässt.

3. Wir werfen einen Blick auf den Ungeist unserer Zeit und laden einen Warenhausdetektiv oder jemanden aus der Drogenberatung, eine Begleiterin aus einem Frauenhaus oder einen Gefängnispfarrer in die Gruppe. Sind uns im Kampf gegen den Ungeist gänzlich die Hände gebunden?
Ein Hungermarsch für die Ärmsten der Armen: Die Teilnehmer/innen sammeln unter Verwandten, Nachbarn, Freunden, Kirchenbesuchern, Bereitwilligen, die sich durch Unterschrift in einer Liste verpflichten, für jeden zurückgelegten Kilometer einen kleinen Geldbetrag zu spenden. Die Firmkatecheten oder der/die Pfarrer/in müssen sich auf der Liste schriftlich dazu bekennen, dass alles mit rechten Dingen zugeht. (Bei dieser Aktion kommen erstaunliche Summen zusammen.)

4. Wir gestalten eine Stunde im Altersheim oder in der Kinderabteilung eines Krankenhauses mit Singen, Musizieren, Vorlesen ...

5. Wir bepflanzen einen Streifen Land mit Bäumchen, die vorher aus der Traufzone eines Baumes ausgegraben wurden oder säubern ein verunreinigtes Stück Land (Bach): Wir zeigen Mitverantwortung für unsere Welt.

6. Wir treffen uns mit einer Gruppe einer anderen Konfession oder sogar einer anderen Weltreligion, zum Beispiel mit jüdischen Jugendlichen und tauschen uns aus.

7. Wir fahren mit unseren Rädern zu einer uns fremden Kirche und lassen sie uns zeigen. (Welche Darstellungen von Gott gibt es dort?)

8. Mit Kassettenrekordern machen wir (immer zwei bis drei zusammen) eine Passantenbefragung, zum Beispiel: „Hat die Kirche noch Zukunft?“, „Was, glauben Sie, kommt nach dem Tod?“ und sprechen über die Ergebnisse.

9. Wir laden den Lokalfunk zum Gemeindefest ein. Über eine so genannte Radiowerkstatt machen wir eine kleine interne Übertragung: Planen den Sendeverlauf, schreiben Moderationen, interviewen Leute und treffen eine Auswahl Musik für zwischendurch ... – „Ich höre Radio jetzt ganz neu", ist ein Ergebnis.

10. Die Jugendlichen basteln etwas en masse, das den Besucherinnen und Besuchern des Festgottesdienstes geschenkt wird – vielleicht lässt sich dabei das Motiv des Tages aufgreifen. – Übung zur dankbaren Aufmerksamkeit für jede/n, die/der kommen wird.

11. Manche Kirchengemeinden führen auch Wochenenden für die Firmlinge/Konfirmanden durch. Hier kann zum Beispiel ein bewussterer Austausch über die Praktika erfolgen. Hier kann auch diskutiert werden, warum sich Menschen in der Kirche engagieren. Hier findet vor allem Begegnung statt. Weil an solchen Wochenenden auch Negativerfahrungen viel kaputt schlagen können (Alkohol ...), müssen hier aufgrund örtlicher Erfahrung und Möglichkeiten die Katecheten selbst entscheiden, was sinnvoll und machbar erscheint. Soll ein solches Wochenende stattfinden, am besten gleich bei der Anmeldung die Termine genau bekanntgeben (und verpflichtend machen).

12. Ein schönes Album liegt aus. Nach dem Festgottesdienst können die Jugendlichen unter die Überschrift: „Ich sage ‚Ja' zu meiner Taufe" ihre Unterschrift setzen, um auch schriftlich den heutigen Schritt zum Erwachsensein und zu eigenen Entscheidungen zu dokumentieren.

VII. Anregungen

Zuletzt noch zwei Tipps von Personen, die das Manuskript dieses Buches gelesen haben *(danke!)*:

1. Ein eigenes „Credo" erarbeiten. Dabei verschaffen die Jugendlichen sich Klarheit darüber, was sie eigentlich glauben. Das gäbe Stoff für hoffentlich leidenschaftliche Diskussionen. Es wäre schön, wenn dieses Glaubensbekenntnis dann auch von verschiedenen Sprecherinnen und Sprechern im Festgottesdienst vorgetragen werden könnte.

2. Ein Sketch als Anspiel unmittelbar vor Beginn des Festgottesdienstes:
Eine Person mit verbundenen Augen versucht, über verschiedene Hindernisse hinweg (oder an Flaschen vorbei) zu einem bestimmten Ziel zu gelangen. Ein/e Mitspieler/in gibt ihr Orientierungshilfen (z.B.: „Jetzt mehr nach rechts", „Jetzt über ein Bänkchen hinwegsteigen" ...). Andere Spieler/innen dagegen geben absichtlich falsche Ratschläge. Die „blinde" Person muss versuchen, nur auf die Stimme ihres Helfers zu hören, da sie sonst ihr Ziel nicht erreicht.

Bildnachweise

S. 49 Westfälischer Meister, um 1380, aus dem Altar aus Osnabrück, Pfingsten, Wallraf-Richartz-Museum, Köln
© Aufnahme von Fink-Kunstkarte Nr. 1142

S. 56 Hundertwasser (224) Der große Weg,1955
© 2000 Joram Harel, Wien

S. 60 Grundschema des tibetanischen Mandala;
Bildvorlage: Archiv Verlag am Eschbach

S. 64 Mandalamotiv Feuer, Monika Molnar, aus:
Molnar/Kett: Mandalamalbuch,
1996, alle Rechte bei RPA Verlag, Landshut
Mandalamotiv: Heckenlabyrinth „Der Diamant" in Russborough, England; trotz intensiver Suche konnten wir einen Rechteinhaber nicht ermitteln. Für einen Hinweis sind wir dankbar.

S. 75 Baum (Nr. 23095218); Fotograf: Manfred Glück
© Fotokunst-Verlag Groh, 82237 Wörthsee

S. 85 Brunnen (Nr. 243545); Fotograf: Heinrich Hodel
© Fotokunst-Verlag Groh, 82237 Wörthsee

S. 91 Regenbogen (Nr. 23095233); Fotograf: Hans-Jürgen Sittig
© Fotokunst-Verlag Groh, 82237 Wörthsee